Marianne Bernhard

Das große Advents- und Weihnachtsbuch

Wilhelm Goldmann Verlag

Titel der Originalausgabe:
Gnadenbringende Weihnachtszeit

Made in Germany · 9/78 · 1. Auflage · 1.–20. Tsd.
Genehmigte Taschenbuchausgabe
© der Originalausgabe 1966 by Südwest Verlag München
© der Taschenbuchausgabe 1978 by
Wilhelm Goldmann Verlag, München
Umschlagentwurf: Creativ Shop, A.+A. Bachmann, München
Druck: Mohndruck Reinhard Mohn GmbH, Gütersloh
Verlagsnummer 3801 · Weiss/Hofmann
ISBN 3-442-03801-4

Ein Advents- und Weihnachtsbuch

für die ganze Familie. Es enthält in loser Reihenfolge, kunterbunt durcheinander, Geschichten und Gedichte, Lieder, Brauchtum und Historisches, praktische Backrezepte und Bastelvorschläge, Anregungen, wie man Nikolaustag, die Adventssonntage oder den Heiligen Abend feiern kann – kurz alles, was Advents- und Weihnachtszeit einschließt.

Es ist in sich als *Adventskalender* angelegt, der Sie bis zum Weihnachtstag begleiten soll: beginnend mit dem 1. und abschließend mit dem 25. Dezember. Für jeden Tag gibt es etwas zum Vorlesen oder Auswendiglernen für die Kinder, Tips für die Hausfrau, Erzählungen und Gedichte für alle.

Es soll also zugleich ein Lese-, Lieder-, Spiel-, Koch-, Bastel- und Bilderbuch sein, in dem absichtlich gleich neben »Profanem«, wie etwa der Pflege Ihres Weihnachtskaktusses oder einem besonders guten Gansrezept, Kinderreime an das Christkind stehen. An Ratschläge, wie Sie einen prächtigen Rauschgoldengel für Ihren Weihnachtsbaum kleben können, schließen Verse berühmter Dichter an, Humoristisches und Besinnliches wechseln miteinander ab. Genauso, wie es eine alte Weihnachtsanthologie aus dem 17. Jahrhundert empfiehlt: »zur Erbauung, Ergetzung und zum löblichen Nutzen«.

O du fröhliche

Feierlich   Volksweise aus Sizilien, 1803

O du fröhliche, o du selige, gnadenbringende Weihnachtszeit! Welt ging verloren, Christ ward geboren: Freue, freue dich o Christenheit!

O du fröhliche, o du selige,
gnadenbringende Weihnachtszeit!
Christ ist erschienen, uns zu versühnen,
Freue, freue dich, o Christenheit!

O du fröhliche, o du selige,
gnadenbringende Weihnachtszeit!
Himmlische Heere jauchzen dir Ehre:
Freue, freue dich, o Christenheit!

Johann Daniel Falk, 1768–1826

Süßer die Glocken nie klingen

Süßer die Glocken nie klingen
als zu der Weihnachtszeit,
grad als ob Engelein singen
wieder von Friede und Freud,
wie sie gesungen in heiliger Nacht.
Glocken mit heiligem Klang,
klinget die Erde entlang.

Oh, wenn die Glocken erklingen,
schnell sie das Christkindlein hört,
tut sich vom Himmel dann schwingen,
eilet hernieder zur Erd',
segnet den Vater, die Mutter, das Kind.
Glocken mit heiligem Klang,
klinget die Erde entlang.

Klinget mit lieblichem Schalle
über die Meere noch weit,
daß sich erfreuen doch alle
seliger Weihnachtszeit;
alle aufjauchzen mit einem Gesang.
Glocken mit heiligem Klang,
klinget die Erde entlang.

Friedrich Wilhelm Kritzinger

Erwartung

ie Kindlein sitzen im Zimmer –
Weihnachten ist nicht mehr weit –
bei traulichem Lampenschimmer
und jubeln: »Es schneit! Es schneit!«

Das leichte Flockengewimmel,
es schwebt durch die dämmernde Nacht
herunter vom hohen Himmel,
vorüber am Fenster so sacht.

Und wo ein Flöckchen im Tanze
den Scheiben vorüberschweift,
da flimmert's in silbernem Glanze,
vom Lichte der Lampe bestreift.

Die Kindlein seh'n 's mit Frohlocken.
Sie drängen ans Fenster sich dicht.
Sie verfolgen die silbernen Flocken …
Die Mutter lächelt – und spricht:

»Wißt, Kinder, die Engelein schneidern
im Himmel jetzt früh und spät.
An Puppendecken und Kleidern
wird auf Weihnachten genäht.

Da fällt von Säckchen und Röckchen
manch silberner Flitter beiseit',
vom Bettchen manch Federflöckchen.
Auf Erden sagt man: Es schneit!

Und seid ihr recht lieb und vernünftig,
ist manches für euch auch bestellt.
Wer weiß, was Schönes euch künftig
vom Tische der Engelein fällt!«

Die Mutter spricht's. Vor Entzücken
den Kleinen das Herze da lacht.
Sie träumen mit seligen Blicken
hinaus in die zaub'rische Nacht.

Karl Gerok, 1815-1890

Advent

Es treibt der Wind im Winterwalde
die Flockenherde wie ein Hirt,
und manche Tanne ahnt, wie balde
sie fromm und lichterheilig wird,
und lauscht hinaus. Den weißen Wegen
streckt sie die Zweige hin – bereit,
und wehrt dem Wind und wächst entgegen
der einen Nacht der Herrlichkeit.

Rainer Maria Rilke, 1875–1926

Adventskalender

»Erfunden« hat den Adventskalender eines Tages eine geplagte Mama, die das ungeduldige Fragen ihres kleinen Sohnes, wann denn nun endlich der Heilige Abend da sei, beschwichtigen wollte. Sie nahm einfach ein großes viereckiges Stück Karton, zeichnete 24 Felder darauf und spießte in jedes Feld eine Süßigkeit. Bis zum Weihnachtstag durfte der Bub täglich ein Feld abpflücken und dabei gleich selbst die Tage zählen.

Als er groß geworden war, erinnerte er sich an den Kalender seiner Mutter und führte die Idee fort. Es wurde ein ganzer Industriezweig daraus, und heute gehört der Adventskalender zur Vorweihnachtszeit wie Nikolausschuh und Adventkranz. Der Vater des Adventkalenders, Gerhard Lang, lebte übrigens noch bis vor kurzem in München. Er ist 1974 hochbetagt in seinem gemütlichen Häuschen gestorben. Er hatte all seine Kalender liebevoll gesammelt, und die schönsten, phantasiereichsten sind hier nachgezeichnet.

Da ist z. B. eine richtige Adventslandschaft mit Nikolausschlitten und verschneitem Wald. Aus einem Ausschneidebogen können die Kinder jeden Tag einen Engel, ein Tier, ein Spielzeug oder einen Stern ausschneiden, auf das bezeichnete Datum aufkleben und so den zuerst noch fast leeren Winterwald bunt bevölkern.

Oder der Bildkalender: In 24 Feldern steht je ein kleines Gedicht. Auf dem Ausschneidebogen sind

die Illustrationen zu den Versen. Täglich wird ein Bildchen abgeschnitten und aufgeklebt, bis zum Schluß eine ganze Bildgeschichte daraus geworden ist. Damit aber die hübschen Gedichte nicht vergessen werden, sind sie zusätzlich noch einmal auf der Rückseite aufgeschrieben.

Ganz ähnlich ist der Erzählkalender eingerichtet:
Ein Weihnachtsmärchen wird in 24 Kapitel einge-
teilt. Neben jedem der Kapitel ist Platz für ein Bildchen freigelassen, und jeden Tag wird das Märchen
durch Einkleben eines Bildes weitererzählt.

Solche Adventskalender lassen sich gut selbermachen, vor allem Kinder können daran mitbasteln,
und es gibt unendliche Variationsmöglichkeiten, die
Ausschneidebogen zu zeichnen, Aufklebebildchen
zu malen oder selbst die kleinen Gedichte und Geschichtchen zu erfinden, die illustriert werden können.

Der Weihnachtsstern

(Euphorbia pulcherrima)

Der Weihnachtsstern, eine hochsten-
gelige Pflanze mit intensiv rotleuchtender Sternblüte,
blüht im November und Dezember und ist, mit Mistelzweigen, Tannengrün, Kerzen oder vergoldeten
Gräsern und Blättern arrangiert, ein besonders schöner
Schmuck des vorweihnachtlichen Zimmers. Er gehört zur Pflanzengattung der Wolfsmilchgewächse
und stammt aus Mittel- und Südamerika. Der nord-
amerikanische Gesandte in Mexiko, Poinsette, ent-
deckte die Pflanze im Jahr 1828 und brachte sie in seine
Heimat. Seit 1834 kennt man sie auch in Europa.
Weihnachtssterne als Schnittblumen: die Stiele kür-
zen, die Schnittstellen etwa 10 cm tief in heißes Was-

ser oder über eine Kerzenflamme halten, damit der milchige Saft gerinnt. Das Wasser in der Vase sollte immer eine Temperatur von rund 20 Grad Celsius haben.

Weihnachtssterne im Topf: Sie bekommen am besten einen Dauerplatz am Südfenster. Vor Zugluft schützen, nur mit warmem Wasser gießen. Die ideale Zimmertemperatur liegt bei 18 bis 20 Grad Celsius.

Lebkuchenhäuschen
(und wie es gemacht wird)

500 Gramm Honig	gehacktes Zitronat
1/10 Liter Wasser	50 Gramm fein-
650 Gramm Roggenmehl	gehacktes Orangeat
(oder Roggen- und	20 Gramm Lebkuchen-
Weizenmehl gemischt)	gewürz
100 Gramm fein-	20 Gramm Natron

Den Honig mit dem Wasser kurz aufkochen lassen und nach dem Abkühlen mit dem Mehl, Zitronat, Orangeat und Gewürz zu einem Teig verarbeiten. Erst zum Schluß das Natron darunterwirken.

Von den Hauptteilen des Häuschens, nämlich Grundfläche (A), Dach (B), Giebelseite (C) und Kamin (D), aus Karton Schablonen schneiden; der Teig wird bleistiftstark ausgerollt, aufs Backblech gelegt und dann mittels der Schablonen mit dem Messer ausgeschnitten. Mit einer Gabel Löcher in den Teig stechen, damit sich beim Backen keine Blasen bilden. Die kleinen Teile, Zaunlatten (E), Schragen (F), Fensterläden (G) und Dachabschlüsse (G), etwas dünner ausrollen, die Mandeln mit Wasser befestigen. Alles zusammen bei 200 Grad Hitze 20 bis 25 Minuten bakken. Indessen wird aus $\frac{1}{2}$ Eiweiß und Puderzucker eine geschmeidige, spritzfähige Glasur gerührt und in eine Tüte aus Pergamentpapier gefüllt. Die fertiggebackenen Teile des Häuschens werden zunächst mit Nadeln zusammengesteckt: Grundfläche, Giebelseiten und eine Dachhälfte. Auf die Kanten wird Eiweißglasur gespritzt; ist sie nach 20 bis 30 Minuten fest, werden die Nadeln herausgezogen und die zweite Dachhälfte kommt darauf. Zur Dekoration ist der Phantasie keine Grenze gesetzt: Man kann Fondant, farbiges Marzipan, Seidenpapier für die Fenster, Schokoladenstreusel oder Liebesperlen für den Schmuck von Zaun und Kamin benutzen und das Häuschen mit Zuckerglasur (1 Tasse Wasser mit einer Tasse Zucker aufkochen lassen) bestreichen.

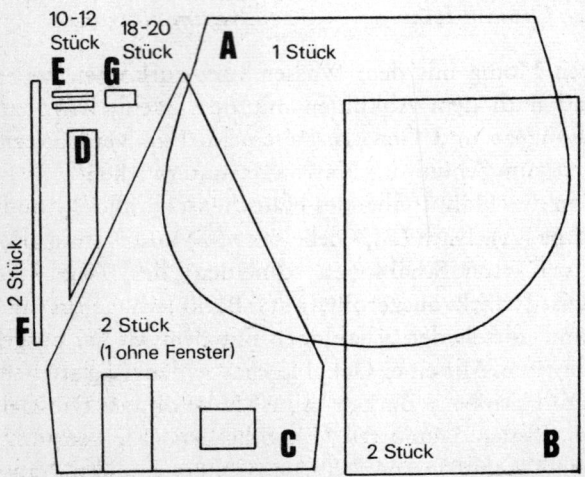

Der kunterbunte Nikolausteller

»Äpfel, Nüss' und Mandelkern, essen alle Kinder gern«, so sagt ein altes Sprüchlein an den Nikolaus. Aber die Kinder würden doch sehr betrübt dreinblicken, wenn aus seinem Sacke nicht noch anderes käme, wenn nicht buntes Konfekt, Marzipan, Arrakbrezeln, Springerle und Kringel, kandierte Früchte und Pfefferkuchen, Spekulatius und Rumkugeln auf dem Weihnachtsteller liegen würden.

Ein anderer Vers berichtet, daß der heilige Nikolaus nur Kinder beschert, denn: »Die Großen läßt er laufen, die können sich was kaufen.« Und tatsächlich sind in der Vorweihnachtszeit die Läden gefüllt mit Zuckerwerk und Bäckereien aller Art. Trotzdem macht es am meisten Spaß, wenn die Großen und die Kleinen gemeinsam backen. Die Mutter wird den Kindern erklären wie notwendig es ist, dem Nikolaus ein bißchen an die Hand zu gehen; denn er kann ja schließlich nicht für alle Kinder die weihnachtlichen Süßigkeiten allein bewältigen.

Wichtig sind große Schürzen, am besten Kittelschürzen, unzerbrechliches Geschirr und viel, viel Platz am großen Küchentisch. Zwar sollten sich die kleinen Zuckerbäcker nicht gerade den Magen verderben, aber andererseits darf den Öchslein, die da dreschen, das Maul nicht verbunden sein. Liebe Mama, lassen Sie die Kleinen versuchen; weniger den klebrigen Teig, aber Mandeln, Rosinen, die ersten fertigen Kringel, Schokoladenstreusel oder das Übriggebliebene von der Reibeschokolade. Und auch, daß Gesichter und Schürzen im Eifer des Gefechts bekleckert werden, sollte nicht weiter tragisch genommen werden. Was fertig und ausgekühlt ist, kommt in Dosen oder Zellophanbeutel. Vorschläge, alles hübsch zu verpacken, gibt es auf Seite 214f. Und nun viel Spaß!

RUMKUGELN

1 Viertelliter Sahne
80 Gramm feingeriebene Blockschokolade
7 Eßlöffel echten Rum
200 Gramm geraspelte Nüsse
Schokoladenstreusel

Die Sahne kurz aufkochen lassen, mit der geriebenen Schokolade gut und glatt verrühren. Nachdem die Masse abgekühlt, aber noch nicht steif geworden ist, Nüsse und Rum dazugeben.
Erst wenn das Ganze kalt und steif geworden ist, zwischen den Handtellern die Kugeln formen und in Schokoladenstreuseln wälzen.
Marzipan siehe S. 30.

ARRAKBREZELN

200 Gramm Butter
100 Gramm Puderzucker
2 Eidotter
350 Gramm Mehl

Butter und Zucker verrühren, etwas Zitronenschale abreiben und dazugeben, Eidotter, eine Prise Salz und zuletzt das Mehl daruntermischen.

Der Teig muß ein paar Stunden kühl stehen.

Dann werden die Brezeln geformt und bei Mittelhitze auf dem Backblech ausgebacken. Noch ofenheiß ebenfalls heiße Aprikosenmarmelade daraufstreichen. Zum Schluß taucht man die Brezeln in eine Glasur aus Eiweiß und Puderzucker, in die ein kräftiger Schuß starken Arraks gegeben wird.

ZIMTSTERNE

500 Gramm Zucker
500 Gramm ungeschälte geriebene Mandeln
6 Eiweiß

Außerdem: 30 Gramm Zimt, die Schale einer halben Zitrone und für die Glasur 200 Gramm Puderzucker und 2 glatt angerührte Eiweiß.

Mit dem steifen Schnee der 6 Eiweiß wird der Zukker kräftig gerührt, bis die Masse schaumig ist. Dann
kommen Mandeln und Gewürze dazu. Der Teig
wird auf gestoßenem Zucker ungefähr einen drei-
viertel cm dick ausgerollt. Mit dem Backmodel sticht
man die Sterne aus.
Nun werden die Zutaten zur Glasur angerührt, und
zwar so lange, bis die Masse dicklich ist. Keinesfalls
darf das Eiweiß steifgeschlagen werden, sonst bröckelt
die Glasur nach dem Backen ab.
Die Sterne werden mit der Glasur bestrichen und
dann 10 bis 15 Minuten lang bei einer Hitze von 180
Grad gebacken, bis sie blaßgelb geworden sind.

SPRINGERLE

Die Springerle (in manchen Gegenden nennt man
sie auch Marzipane) sind eine süddeutsche Spezial-
tät und die feinen Backmodel, mit denen ihnen die
verschiedensten Muster aufgedrückt werden, alt und
traditionsreich. Viele Familien haben ihre Wappen
oder sonstigen ureigensten Motive: Vögel, Blumen,
Menschen, sogar kleine Szenen oder aber rein dekorative Elemente wie Karo, Mäanderband, Herzen,
Sterne oder Streifen. Die Model sind aus Holz (seltener und auch nur sehr alte Exemplare aus Leder)
und von verschiedensten Größen. Der Name
»Springerle« kommt daher, daß ihre obere Hälfte
beim Backen aufgeht und das Gebäck ein weißes,
glattes »Köpfle« und ein goldgelbes, festes »Füßle«
bekommt.

500 Gramm feiner Zucker
650 Gramm Mehl
2 Eßlöffel Anis
5 Eier

Außerdem: je eine Prise Salz, gemahlener Muskat und Hirschhornsalz sowie ein Likörglas voll Kirschgeist.

Den Zucker und die Gewürze rund 20 Minuten gut und kräftig durchrühren. Dann durch ein Sieb allmählich Mehl und Anis dazugeben, bis ein lockerer Teig entstanden ist. Zudecken und eine Viertelstunde stehenlassen. Anschließend den Teig ungefähr 1 cm dick ausrollen.

Die Model werden innen mit Mehl gleichmäßig bestäubt; vom Springerleteig entsprechend große Stücke abschneiden und vorsichtig, mit bemehlter Hand, in die Model hineindrücken. Überhängende Teigreste abschneiden. Durch vorsichtiges Klopfen fallen die Springerle heraus. Sie kommen im Abstand von 1 cm auf das mit Butter bestrichene Backblech. Darauf bleiben sie 24 Stunden liegen, bevor sie in milder Hitze gebacken werden.

VANILLEKRINGEL

250 Gramm Butter
250 Gramm Zucker
500 Gramm Mehl
2 Eier
2 Päckchen Vanillin

Butter schaumig rühren, bis sie weich, glatt und sahnig ist. Dann kommen Zucker, Eier, Mehl und Vanillin dazu. Der Teig wird ganz kurz durchgeknetet, dann läßt man ihn vor der Weiterverarbeitung eine Zeitlang ruhen. Anschließend wird er durch die Backspritze mit Sterneinsatz gedrückt. Die Streifen in etwa fingerlange Stücke schneiden und daraus Kringel formen. Sie werden auf schwach gefettetem Blech 8 bis 12 Minuten bei einer Hitze von 200 bis 210 Grad gebacken, bis sie zart goldgelb sind.

KANDIERTE FRÜCHTE

Kirschen, Ananasstückchen oder Aprikosen werden in Zuckersirup gelegt. Dann im flachen Sieb abtropfen lassen. Dick mit Zucker bestreuen und trocknen lassen (in der Sonne, eventuell auch im schwach erhitzten Backofen).

NOUGAT

500 Gramm Zucker
500 Gramm geriebene Nüsse
100 Gramm Blockschokolade
2 Eßlöffel Wasser

Die Nüsse, am besten Haselnüsse, leicht rösten. Zucker und Wasser in der Pfanne karamelisieren. Mit den Haselnüssen gut durchrühren, auf einer Porzellanplatte kalt werden lassen. Dann die Masse fein mahlen, mit der Schokolade, die im Wasserbad indessen flüssig geworden ist, vermischen.

Es kommt ein Schiff, geladen

s kommt ein Schiff, geladen
bis an den höchsten Bord,
trägt Gottes Sohn voll Gnaden,
des Vaters ewig Wort.

Das Schiff geht still im Triebe,
trägt eine teure Last,
das Segel ist die Liebe,
der Heil'ge Geist der Mast.

Der Anker haft' auf Erden,
das Schiff, es ist am Land:
Gott's Wort tut uns Fleisch werden,
der Sohn ist uns gesandt.

Zu Bethlehem geboren
im Stall ein Kindelein,
gibt sich für uns verloren;
gelobet muß es sein.

Und wer dies Kind mit Freuden
küssen und fangen will,
muß vorher mit ihm leiden
groß Pein und Marter viel.

Danach mit ihm auch sterben
und geistlich auferstehn,
ewig's Leben zu erben,
wie an ihm ist geschehn.

Johannes Tauler zugeschrieben, um 1300–1361

Adventslichter —
einmal anders

I m Blumengeschäft kaufen Sie einen kräftigen Blumenstab. Aus ziemlich starkem Draht, der doppelt genommen und zusammengedreht wird, bastelt man vier Arme, die symmetrisch am Stab befestigt werden. Wo die Arme ansitzen, muß der Stab etwas eingekerbt werden, damit der Draht nicht abrutschen kann.

Nun umwinden Sie das fertige Gestell dicht mit feinen Fichtenzweigen und stecken es am praktischsten in einen Blumentopf voll Erde. Der Topf kann ebenfalls mit Tannengrün umwunden werden. Feierlich und dekorativ sieht auch eine Manschette aus Goldfolie oder leuchtendrotem Kreppapier aus.

25

Auf die vier Arme werden nun die vier Adventskerzen gesteckt, oben auf dem Stab sitzt als Abschluß eine schlanke, hohe Zierkerze (siehe Seite 98). Außerdem behängen Sie die Adventspyramide (die man aufheben sollte, denn mit Haselzweigen umflochten und mit ausgeblasenen, buntbemalten Eiern behängt, kann sie zu Ostern wieder gebraucht werden!) nach Gefallen mit Strohsternen, Glaskugeln, vergoldeten Nüssen, Engelshaar oder kleinen Rauschgoldengeln.

Wer es mit der Vierzahl der Adventskerzen nicht ganz streng nehmen will, kann das Modell dieser Pyramide beliebig erweitern: die symmetrischen vier Arme werden, unten breiter, nach oben sich verjüngend, in drei Stockwerken am Stab angesetzt.

Ein solches Lichtergestell ersetzte übrigens früher in manchen Gegenden den Christbaum. Seit 1790 ist es in Sachsen bezeugt, man nannte es »Christnachtleuchter« und umflocht es gern mit Buchsbaumzweigen.

Die stilisierte, freilich auch ein wenig kühle moderne Variante der Adventspyramide: man nimmt einfache dünne Holzstäbe, befestigt sie, übers Kreuz versetzt und nach oben sich verjüngend, an einem etwas dickeren runden Mittelstab, der in einem Gefäß steckt. Dazu benutzt man entweder einen weihnachtlich »verkleideten« erdegefüllten Blumentopf oder eine durchsichtige Vase, in der das Gestell mit Glasmurmeln oder dekorativen bunten Kieselsteinen senkrecht festgehalten wird. Die Enden der Querstäbe behängt man ganz gleichmäßig mit je einer Glaskugel in Gold oder Silber.

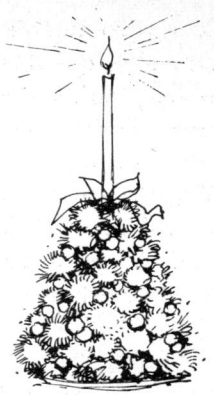

Der Vorläufer der großen erzgebirgischen Weihnachtspyramide mit Flügelrad und gedrechselten bunten Figuren besteht ebenfalls aus tannen- oder buchsbaumumwundenen Stäben – die Vierstabpyramide.

Eine Variation: das Dreiecksgestell. Dazu braucht man vier sehr große rote Äpfel und sechs ungefähr kleinfingerdicke, an den Enden gut angespitzte Holzstäbe (Spielzeuggeschäft, eventuell Gärtnerei) von rund 30 cm Länge.

Drei Stäbe werden seitlich in die Äpfel gebohrt, so daß ein gleichseitiges Dreieck zustandekommt. Darauf achten, daß die Äpfel auf ihrem Stielende stehen, denn in den Blütenansatz soll später je eine Kerze gesteckt werden.

Über dem Grunddreieck errichten wir aus den restlichen drei Stäben eine gleichmäßige Pyramide, die an ihrer Spitze wieder von einem Apfel zusammengehalten wird.

Die Stäbe werden mit Tannengrün und vergoldeten Mistelzweigen umwickelt oder mit Buchsbaumzweigen, die ja das »Original-Weihnachtsgrün« (siehe Seite 320) sind.

In manchen Gegenden, z. B. in den Niederlanden, wurden solche Lichtergestelle an Weihnachten auch aufgehängt.

Ein eigentümlicher adventlicher Hängeleuchter kommt wieder aus Sachsen: die sogenannte »Weltkugel«. Aus Weidenzweigen bog man ein kugelförmiges Gestell zurecht, umflocht es mit Grün und behängte oder besteckte es mit Zuckerzeug, Weihnachtsschmuck und Kerzen.

Wenn Sie es nachmachen wollen: Statt Weidenzweigen kaufen Sie im Bastelgeschäft ein rundes Drahtgestell, wie man es für die japanischen Pergamentlampen gebraucht.

Schließlich kann man den üblichen, aus Tannengrün rundgeflochtenen Adventskranz, der im allgemeinen auf dem Tisch steht, auch aufhängen – an vier in der Mitte zusammengenommenen roten Bändern an der Zimmerdecke; oder aber einfach wie ein Rad oder einen Reifen an die Wand. Dies hat den Vorteil, daß man den Schmuck des Kranzes besser sehen kann: z. B. farbig bemalte Springerle, bunte Bänder und kleine braune Zapfen; oder Goldrosetten, Goldnüsse und rote Bänder – alles, was den Christbaum schmückt, paßt auch für den Adventskranz.

Doch kann man ihn auch rundum mit abwechselnd braunen und vergoldeten Zapfen oder gelben und dunkelroten Strohblumen bestecken und ein entsprechendes breites Band darumschlingen.

28

Die Kerzen allerdings stellt man in diesem Fall besser vor dem Kranz auf. Sie stehen in aparten Glasständern, wenn Silberschmuck gewählt wird; rustikalbunte Ständer aus bemaltem Holz, wie sie aus Schweden oder Finnland zu uns gekommen sind, oder flache Goldsterne oder -schalen aus Messing mit einer Kerzentülle in der Mitte passen zum farbigen oder rot-goldenen Zierat, und ein umgekehrter großer Pinienzapfen als Kerzenhalter gehört zu Strohblumen und Zapfen.

Marzipan

»Der zungen honigseim, des hertzen marcipan«, so besang der 1679 gestorbene Barocklyriker Hofmann von Hofmannswaldau seine Liebste, Amanda.

Seit des verliebten Dichters Tagen ist dieses im Grunde ganz simple Konfekt aus geriebenen Mandeln, Puderzucker und Rosenwasser etwas Besonderes geblieben.

Im ausgehenden Mittelalter galt Marzipan sogar als ein ausgesprochenes Luxusprodukt. Der Rat der Stadt Venedig brachte im Jahre 1525 eine »Verordnung betreff Einschränkung des Luxus« heraus, die streng untersagte, bei Hochzeiten und anderen Familienfeiern sowie öffentlichen Festen Marzipan zu reichen. Bei Zuwiderhandlung wurde der Hersteller mit 50, der Verteiler mit 25 Dukaten Strafe belegt. Als Herkunftsland des Marzipans gilt Persien, man soll es dort schon im Jahr 600 vor Christi Geburt gekannt haben. Über Griechenland und Italien brachten es Handelsleute nach Deutschland. Hier wurden vor allem Königsberg und die Hansestadt Lübeck für ihre Marzipanrezepte berühmt, Königsberg besonders seiner weitbekannten Marzipantorten wegen, die, im Gegensatz zum schneeweißen Lübecker Marzipan, eine leicht hellbraune Farbe hatten und mit kandierten Früchten geschmückt waren. Das Luxuskonfekt, das nach einer Verordnung der Stadt Lübeck von 1530 nur in Apotheken feilgeboten werden durfte (später erst erhielten auch die Zuckerbäcker eine Konzession), gehört heute ganz selbstverständlich mit zur Familienbäckerei vor Weihnachten. Vor allem für die Kinder, auch für die kleinen, läßt sich mit dieser süßen weißen Knetmasse allerlei anfangen, und sie können je nach eigener Phantasie und Alter damit umgehen.

Marzipanrezepte, bei denen es vor allem auf die richtige Mischung der wenigen Ingredienzien ankommt, wurden sorgfältig von Generation zu Generation vererbt. Nicht das Was, das Wie ist wichtig, und manche moderne Mama von heute fabriziert Marzipanbrote, -kartoffeln und -zöpfe mit Vorliebe nach Urgroßmutters bewährtem Rezept. So beschreibt z. B. der Dichter Max Halbe die Marzipangeheimnisse seiner Mutter: »Marzipan! Das ist eine Welt für sich. Keiner backt das so gut wie die Mutter. Sie hat ein Rezept, um das schon der Efeu der Sage rankt. Es heißt, sie hat es von ihrer Mutter, die es wieder von ihrer Mutter hatte. Aber man kommt nie so recht dahinter. Es ist ein Geheimnis darum, obwohl doch jeder im Hause weiß, daß es eigentlich ganz simpel sich nur um Mandeln und Zucker und Rosenwasser handelt, und sonst um nichts. Aber wie sie die Mandeln abschält und reibt, jede Mandel gleichsam ein Einzelwesen, und wie sie sie knetet und mischt und mit dem Mangholz walkt und den Zucker daruntermengt – Puderzucker muß es sein, allerfeinster – und wie und was es noch alles an Kunstgriffen gibt! Und daß nur nicht zuviel Rosenwasser hineinkommt, aber auch ja nicht zu wenig! Die Masse muß sich erst binden, und stehen muß sie so und so lange, keine Minute darüber.«

Hat man erst einmal die Grundmasse, dann kann

man so gut wie alles daraus machen: Fliegenpilze mit rotem Hut und Gesicht, Igel mit Stachelpelz aus Mandelsplittern, Brotlaibe, Brezeln und Torten für den Kaufmannsladen, Rüben, Äpfel, Birnen für die Puppenküche, Schneemänner, Schweine, überhaupt jede Art von Tieren, Männlein oder auch einfach Phantasiegebilde. Verzieren kann man mit Konfektfarbe, Liebesperlen, Schokoladenüberzug oder Nougat. Aus Modeln lassen sich die schönsten Muster drücken, und mit Blechausstechformen bekommt man Herzen, Sterne und Kringel für den Christbaum. Das Marzipanschweinchen übrigens, das vor allem fürs Neue Jahr oder Silvester Glück bringen soll und dessen Ohren und Beine aus geschälten Mandelstücken bestehen, erfand im 19. Jahrhundert ein Bäckergesell aus Ulm, der sich in Lübeck niederließ und durch seine »Erfindung« reich und berühmt wurde.

GRUNDREZEPT

500 Gramm feinstens gemahlene, geschälte Mandeln
500 Gramm Puderzucker
   Rosenwasser
3 Eiweiß

Das Eiweiß wird im Wasserbad steifgeschlagen. Puderzucker und Mandeln langsam daruntermischen, bis eine gleichmäßige Masse entstanden ist. 1 bis 2 Eßlöffel Rosenwasser dazugeben und so lange umrühren, bis sich die Masse von der Schüssel (am besten eine Porzellanschüssel) löst und kalt geworden ist.

Den »Teig« 5 mm dick auf ein eingeöltes Backblech streichen. Wer geschickt ist, schneidet selbst Figuren, Sterne oder verschnörkelte Buchstaben als Pappschablone, legt sie auf das Marzipan und stanzt sie mit einem spitzen scharfen Messer aus. Daneben gibt es sehr hübsche Ausstechformen aus Blech oder Holz zu kaufen.

MARZIPANKARTOFFELN

Für die Kugeln nimmt man die Masse etwas härter:

500 Gramm feinstgeriebene, geschälte Mandeln
500 Gramm Puderzucker
Ein halbes Eiweiß

Kugeln zwischen den Handtellern formen, eventuell mit dem Messer leicht anritzen, in Kakaopulver wälzen.

MARZIPAN AUS DEM HOLZMODEL

Das Model wird innen mit Puderzucker bestäubt, Marzipanmasse noch weich hineindrücken, am Rand sauber abschneiden. Dann das Model wenden und das geformte Marzipan sehr vorsichtig mit der Hand herausklopfen.

MARZIPAN AUS DEM BLECHMODEL

Die Blechform einölen, die noch weiche Marzipanmasse einfüllen, kalt werden lassen, wenden und vorsichtig herausklopfen.

Weihnachten macht Spaß!

Susanne von Paczensky

Es gehört gar nicht mehr recht zum guten Ton, an Weihnachten Geschmack zu finden. Viele Leute behaupten, das Fest sei eigentlich eine arge Bürde: die teuren Geschenke, das schwere Essen und der lästige Besuch an den Feiertagen – eine ganze Kette mühseliger Verpflichtungen. Für den schaffenden Berufsmenschen, so sagen sie, läge ja noch ein gewisser Reiz darin, daß er einen zusätzlichen Feiertag kriegt und einen hübschen Batzen Weihnachtsgeld. Aber die arme Hausfrau – darin sind sich alle einig, daß sie beim Fest nichts zu lachen hat.

»Schont Mutti!« fordern Menschenfreunde im Advent und schlagen vor, die Weihnachtsgans von Papiertellern zu essen (damit der Abwasch eingedämmt wird) oder gleich mit der ganzen Familie ins Restaurant zu gehen. Der Christstollen läßt sich auch im Laden kaufen, und an Stelle der vielen bunten Päckchen kann man rationellerweise das entsprechende Bargeld verteilen.

Zum Glück denkt kaum jemand daran, diese wohlwollenden – meist aus männlichem Munde stammenden – Ratschläge ernst zu nehmen. Was wäre das Christfest ohne hausmütterliche Überstunden? Ein gesetzlicher Feiertag, an dem man viele Postkarten und ein neues Fernsehgerät erhält. Alles, was darüber hinausgeht, muß wohl oder übel von der Dame des Hauses geleistet werden. Gewiß macht es Mühe, aber vor allem – und das sollte eigentlich mit roten gold-

verschnörkelten Buchstaben geschrieben sein –: Es macht Spaß! Wahrscheinlich kommen überhaupt nur die zu einem herzlichen Festvergnügen, die fleißig daran mitwirken. Das klingt nun allerdings wie ein frommer Kalenderspruch; aber daß es trotzdem wahr ist, läßt sich zum Beispiel an Hand von Spekulatius beweisen:

Spekulatius zu essen, ist kein nennenswertes Ereignis; ihn zu backen aber, ist eine rechte Lust, an der alle Sinne ihr Teil haben. Nelken, Zimt und Kardamom parfümieren einen Tag lang die Küche und erinnern an orientalische Märchendüfte. Der rohe Teig schmeckt köstlich – meist viel besser als das Endprodukt.

Man weiß plötzlich wieder, wie schön heimliches Naschen war, und blickt milde auf die klebrigen Finger der eigenen Kinder. Die Kuchenformen sind altväterlich und bieder. Man muß genau hinsehen, um Männlein, Weiblein und Getier zu unterscheiden. Die fertige Ware wird schließlich liebevoll in eine Blechtrommel gepackt und raschelnd im Wäscheschrank verborgen. Mag man am Backtag auch später und mehlbestäubter als sonst ins Bett kommen – es war ein guter Tag.

In den Augen des Endverbrauchers – Hausherr, Gast oder Päckchenempfänger – stellen die flachen braunen Dinger hingegen nicht viel dar. Sie schmecken nicht viel besser als andere Kekse, und kein Mann macht sich die Mühe, ihre drolligen Muster zu würdigen.

Nicht nur in der Freude am Backwerk geraten die Männer traurig ins Hintertreffen, auch bei den Weihnachtsgaben der Kinder fehlt ihnen meist die innere Beteiligung. Was da von ungeschickten Fingern geklebt und gebastelt wird, ist nicht viel wert, wenn es schließlich unterm Lichterbaum liegt. Die Entstehungszeit aber steckt voll freudiger Spannung. Selbst der ruppigste Knabe gibt dem Mutterherzen neue Hoffnung, wenn er sich müht, einen Bastunter-

setzer für Onkel Rudolf herzustellen. Wieviel Hand-
werksstolz, wieviel Vorfreude in dem angeschmutz-
ten Kunstwerk steckt, wird Onkel Rudolf kaum er-
raten können. Aber das schadet nichts, denn wahre
Weihnachtsarbeiten sind ja in erster Linie für den
Schenker ein Vergnügen.

Wer zum Beispiel ganze Abende an die Herstellung
raffinierter Päckchen wendet, Zauberdinge aus Goldpapier und Schleifen formt, der wird wohl kaum
ernsthaft erwarten, daß der Empfänger – der nur auf
den Inhalt neugierig ist – die äußere Hülle würdigt.
Weihnachtsverpackung ist eine jener weiblichen
Handarbeiten, die ihren Lohn in sich selbst finden
müssen. Sonst verfielen wir ja auch nicht darauf, die
Gaben, die schon im Geschäft festlich verschnürt
wurden, daheim wieder auszuwickeln, um sie noch
mal in buntes Papier zu packen. Staunend sieht der
Hausvater zu und murrt über die langen Abende, die
mit unnützer Mühe vergehen. Aber zu Weihnachten
gibt es eben keine Gleichberechtigung!

Die Frauen sind auf der ganzen Linie die Sieger,
denn sie erwerben mit der Mühe auch die Freude.
Vor allem aber genießen sie in diesen Tagen einmal
das Recht, ihre eigenen Sitten und Bräuche zu prägen.
Mögen sich Vornamen oder Berufswahl in der
männlichen Linie vererben: Weihnachtstradition
stammt fast immer aus der Familie der Frau.

Ob es Karpfen oder heiße Würstchen gibt, ob an den
Christbaum buntes Zuckerzeug kommt oder vor-
nehmer Silberschmuck, ob man vor oder nach der
Bescherung in die Kirche geht – das wird von Müt-
tern bestimmt und von ihren Töchtern weiterver-

erbt. Was am Heiligabend gesungen wird, welches
Naschwerk auf den bunten Teller gehört – das sind
Grundsatzentscheidungen, die oft schon von der
Großmutter getroffen wurden. Vielleicht hat schon
Großvater über den Aufwand gemurrt und heim-
tückisch vorgeschlagen, man möge sich doch die
viele Mühe sparen.

Es ist ein guter alter Brauch, daß die Männer vor
dem Weihnachtsfest zu mäkeln haben. Sie sprechen
von den Kosten und haben in Wirklichkeit Angst
vor der Sentimentalität. Denn wenn schließlich die
Kerzen brennen und »Stille Nacht« erklingt, dann
ist es oft der Vater, der nach dem Taschentuch sucht.
Mutter hat gar keine Zeit für soviel Rührung – sie
muß zwischendurch in die Küche.

In Weihnachtszeiten

n Weihnachtszeiten reis' ich gern
Und bin dem Kinderjubel fern
Und geh' in Wald und Schnee allein.
Und manchmal, doch nicht jedes Jahr,
Trifft meine gute Stunde ein,
Daß ich von allem, was da war,
Auf einen Augenblick gesunde
Und irgendwo im Wald für eine Stunde
Der Kindheit Duft erfühle tief im Sinn
Und wieder Knabe bin ...

Hermann Hesse, 1877–1962

Das Christkönigs-Eselchen

Eine Weihnachtslegende von Margareta Pschorn

Als es im Stall endlich ruhig geworden war und die
Menschen von Bethlehem nach Hause gegangen waren, legte sich auch Joseph abseits der Krippe ins
Stroh, um ein wenig zu ruhen. Müde wie er war,
schlief er auch gleich ein. Er träumte aber sehr
schwer. Herodes stand vor ihm, sah ihn mit funkelnden Augen an, ballte die Fäuste und sagte:

41

»Ich suche Jesus von Nazareth, deinen merkwürdigen Sohn. Er ist ein Todgeweihter. Ich werde ihn ermorden lassen!«

Joseph schrak auf. Er sah nach dem Kind und Maria. Doch die beiden schlummerten friedlich.

Von schwerer Sorge bedrängt, stützte Joseph den Kopf in die Hände. Er überlegte, was denn zu tun sei, wenn dies wirklich geschehen sollte. Wie sollte er mit Maria, die doch ruhebedürftig war, und mit dem neugeborenen Kind fliehen? Der Weg nach Nazareth war für sie noch viel zu weit. Zu Fuß schafften sie's unmöglich.

Joseph faltete die Hände und betete: »Herr und Gott, laß diesen Traum nie wahr werden!«

Indessen rappelte sich das Eselchen auf, das neben Joseph seinen Stand und seine Futterraufe hatte. Es beugte seinen Graukopf zu Josephs Ohr herüber. Der war nicht wenig verwundert, als der Esel mit menschlicher Stimme und Zunge zu reden anfing; vielmehr, er flüsterte nur. »Brauchst nicht erschrek-

ken, Joseph, heute, in der Heiligen Nacht, können die
Tiere reden. Nur dieses eine Mal im Jahr, auf den
Tag wiederkehrend, wird es so sein. Gott sei von
uns Tieren dafür bedankt.

Du sorgst dich um eure Flucht, nicht wahr? Doch
sei nicht bange. Ich bringe Maria und das heilige
Kind und alles, was ihr an Gaben von den Hirten
und Königen habt, sicher und schnell nach Nazareth. Du darfst mir vertrauen, ich habe schon viel an
Lasten getragen. Achitius, mein Herr, hat mich ge-
lehrt, auch unter den schwersten Bürden nicht zu-
sammenzubrechen. Fürwahr, ich habe in Bethlehem
noch keine rosigen Zeiten gehabt. Darum wär ich dir
dankbar, wenn du mich kaufen wolltest. Viel wird
Achitius wohl nicht für mich verlangen. Schlau wie
er ist, denkt er sicher, daß ich allmählich alt werde
und bald nicht mehr viel schaffen kann. So aber
kann er immerhin noch ein gutes Geschäft mit mir
machen. Er täuscht sich natürlich. Ich fühle mich
noch sehr rüstig. Ich habe noch all meine Kraft und
werde dir noch lange dienen.

Und weißt du, heiliger Joseph, ich würde ohne wei-
teres mit dir durchbrennen. Es wäre mir ja viel
lieber, du müßtest kein Geld für mich ausgeben.
Aber die Würde deiner heiligen Familie nähme halt
Schaden dadurch. Weißt ja, wie schnell die Menschen von Diebsgesindel reden. Nimm es mir deshalb nicht übel, daß ich mich zum Kauf anbiete. Es
gibt sonst auch keine sichere Flucht für euch.«

Joseph kraulte dem Eselchen die Mähne. »Wie könnte
ich dir böse sein. Im Gegenteil. Und verlaß dich
drauf, gleich bei Tagesanbruch verhandle ich mit

dem Wirt. Dann wollen wir nicht länger säumen und aufbrechen.«

»Heiliger Joseph, so glücklich wie heut war ich in meinem ganzen Eselsleben noch nicht. Immer hat es geheißen: Du dummer, alter Esel du. Und nun bin ich auserwählt, den Christkönig und seine heilige Mutter in Sicherheit zu bringen. Ach, heiliger Joseph, sei so gütig und halte mir jetzt die Schnauze zu. Es könnte sonst geschehen, daß ich vor lauter Glück zu wiehern anfange und das Jesuskind und Maria aus dem Schlaf schrecke.«

Nun mußte Joseph denn doch lachen.

So kam es, daß ein Eselchen zum Retter der Heiligen Familie wurde.

Weihnachtslied

ein Sternchen mehr funkelt,
Tief nächtlich umdunkelt
Lag Erde so bang;
Rang seufzend mit Klagen
Nach leuchtenden Tagen,
Ach! Harren ist lang.

Ganz plötzlich erschlossen,
Vom Glanze durchgossen,
Der Himmel erglüht;
Es sangen die Chöre:
»Gott Preis und Gott Ehre!
Erlösung erblüht.«

Es sangen die Chöre:
Den Höhen sei Ehre,
Dem Vater sei Preis,
Und Frieden hinieden,
Ja Frieden, ja Frieden
Dem ganzen Erdkreis!

Wir waren verloren,
Nun ist uns geboren,
Was Gott uns verhieß:
Ein Kindlein zum Lieben
Und nie zu betrüben,
Ach, Lieb ist ja süß!

O segne die Zungen,
Die mit mir gesungen,
Du himmlisches Kind!
Und laß dir das Lallen
Der Kinder gefallen,
So lieblich und lind.

O Friede, dem Zorne,
O Röschen, dem Dorne,
Holdselig erblüht;
Süß lallende Lippe
Des Kinds in der Krippe,
Dir gleicht wohl dies Lied.

Clemens von Brentano, 1778–1842

Barbaratag 4. Dezember

Kirschenzweige bringt ein Mädchen
Über kahle, kalte Heide.
Dämmertag ist Nacht geworden,
Dörfchen blinkt wie Lichtgeschmeide.

Engelsstimme singt vom Himmel:
Dunkle Reiser, seid erkoren,
Staubverweht sind lang die Blumen,
Feld und Garten eingefroren.

Ihr nur werdet grünend leben,
Wenn der Erde Pflanzen fehlen.
Heilige Nacht wird Blüten treiben,
Und ein Glück kommt in die Seelen.

Letztes Rot verlischt am Walde.
Ton in Lüften bebt entschwindend.
Über die verhüllte Heide
Haucht der Bergwind, Schnee verkündend.

Hans Carossa

Barbara

Der 4. Dezember ist der Tag der heiligen Barbara.
Sie war ein junges Mädchen aus Nikomedien in
Kleinasien, das um das Jahr 306 unter Maximinius
Daja das Martyrium erlitt, weil sie zum Christentum
übergetreten war und ihren neuen Glauben nicht
wieder ablegen wollte.
Man feiert ihr Andenken an diesem Tag seit dem
12. Jahrhundert. Obwohl vom Leben der Heiligen,
die als Schutzpatronin der Bergleute und Bauarbei-
ter, aber auch der Reiter und der Artillerie verehrt
wird, nichts bekannt ist, was diesen Brauch be-
gründet, wird ihr Name mit einer schönen adventli-
chen Sitte in Verbindung gebracht – dem Schneiden
der sogenannten Barbarazweige.

Am Barbaratag schneidet man Zweige mit Blüten-
knospen von Kirschen-, Apfel- und Mandelbäumen,
von Forsythien und japanischen Quitten, Jasmin,
Weidenkätzchen oder Roßkastanien. Die Stiele werden schräg eingekerbt. Nach dem Schneiden in die
Badewanne mit warmem Wasser legen. Die Zweige
müssen im lauwarmen Wasser stehen, jeden zweiten
Tag sollte man es erneuern. Die ideale Zimmertemperatur liegt zwischen 16 und 18 Grad Celsius.
Genau um die Weihnachtstage stehen die Barbarazweige dann in ihrer schönsten Blüte. Wer aber
schon in der Vorweihnachtszeit blühende Zweige
haben will, stellt sie täglich ein paar Stunden in einen
Eimer mit warmem Wasser und außerdem noch an
einen sonnigen Platz am Fenster.
Natürlich kann man auch die erblühten Barbarazweige in der Vase mit Tannengrün und Kerzen kom-
binieren. Oder Sie stecken sie nach der Art des
klassischen japanischen Ikebana in verschiedener

Länge, vorsichtig gebogen: einen Zweig von mittlerer Länge, einen niederen und einen hohen. Sie
bedeuten Mensch, Erde und Himmel. Diese Art des
Blumenstellens allerdings erfordert viel Geduld und
Sinn für Harmonie.

Der Bratapfel

Kinder, kommt und ratet,
was im Ofen bratet!
Hört, wie's knallt und zischt.
Bald wird er aufgetischt,
der Zipfel, der Zapfel,
der Kipfel, der Kapfel,
der gelbrote Apfel.

Kinder, lauft schneller,
holt einen Teller,
holt eine Gabel!
Sperrt auf den Schnabel
für den Zipfel, den Zapfel,
den Kipfel, den Kapfel,
den goldbraunen Apfel!

Sie pusten und prusten,
sie gucken und schlucken,
sie schnalzen und schmecken,
sie lecken und schlecken
den Zipfel, den Zapfel,
den Kipfel, den Kapfel,
den knusprigen Apfel.

Dieses Bratäpfelsprüchlein steht in einem alten bayrischen Lesebuch.

Mit das beste an Bratäpfeln ist ihr Duft. Früher legte man sie einfach auf den Kachelofen, in dessen Röhre oder auf die heiße Herdplatte, und ihr Zischen, Brutzeln und Duften erfüllte das Haus. Im Zeitalter der Öl- und Zentralheizung ist dieses »altmodische« Stückchen Weihnachtstradition verschwunden. Aber Bratäpfel als Dessert, zum Rumtopf, zum Glühwein (siehe S. 50f.) sollten Sie sich nicht entgehen lassen. Man braucht dazu:

4 mürbe, leicht säuerliche Äpfel
Eine Handvoll Rosinen oder Korinthen
Zuckerstückchen
Gelee aus Johannis- oder Brombeeren (besonders apart: Preiselbeerengelee)

Aus den gewaschenen, ungeschälten Äpfeln das Kerngehäuse herausholen, Stiele und Blüten entfernen. In den Hohlraum kommen nun Rosinen und Gelee, die Löcher an Stiel und Blüte werden mit dem Würfelzucker »gestopft«.

In der gut gebutterten Jenaer Glasform, die offenbleibt, rund 20 Minuten bei Mittelhitze braten. Dick mit grobem Zucker gezuckert und mit Gelee als Beilage heiß servieren.

Eine Variation: Ins ausgehöhlte Innere ein paar Tropfen Kirsch- oder Himbeergeist träufeln; mit Rosinen, feingehackten Mandeln oder Haselnüssen und Himbeergelee füllen. Dazu geben Sie süße, kalte, steifgeschlagene Sahne.

Der Adventsbaum

ewiß haben auch Sie eine sogenannte »Weihnachtskiste«, in die Sterne und bunte Figuren, die Krippe, die Rauschgoldengel, Kugeln und Glöckchen, das Räuchermännlein, Engelshaar und Lametta nach dem Fest, wenn der Christbaum abgeschmückt ist, liebevoll eingepackt werden. Den Sommer über steht sie in der Abstellkammer. Aber wenn's Advent wird, fallen die Blicke der Kinder sehnsüchtig, neugierig darauf. Es weihnachtet.

Wie wäre es, wenn Sie diese geheimnisvolle, geliebte Weihnachtskiste schon ein bißchen früher aus ihrem Versteck hervorholten und einen Adventsbaum schmückten, als Vorläufer des strahlenden Christbaums am Vierundzwanzigsten?

Auf dem Markt kauft man ein paar besonders schöngewachsene und dichtbenadelte große Tannenzweige, vielleicht Zottel- oder Blautanne; sie kommen in eine große Bodenvase mit breiter Aufstellfläche, die mit Wasser oder, besser, mit feuchtem Sand gefüllt ist. Die Zweige behängen wir nun genauso wie ein winziges Weihnachtsbäumchen: mit vier Adventskerzen, den kleinsten der glänzenden Glaskugeln aus der Kiste, Strohsternen, dem ersten Selbstgebackenen vom Nikolausvorrat, mit Lametta, roten Äpfelchen oder Engelshaar. Auch rote Schleifen in den Zweiggabeln sehen hübsch aus oder vergoldete Walnüsse.

Am Adventsbaum können die Kinder die Wirkung ihres gebastelten Christbaumschmucks ausprobieren, der Nikolaus wird seine Gaben darunterlegen, den gefüllten Strumpf, den Schuh oder die gnädig mit Süßigkeiten behangene Rute. Der Adventskalender kann in der Nähe hängen, der Wunschzettel in die Zweige gesteckt und vom Christkind abgeholt werden.

Denkt doch, was Einfalt ist!

Denkt doch, was Einfalt ist!
Seht doch, was Einfalt kann!
Die Hirten schauen Gott
am allerersten an.

Der sieht Gott nimmermehr,
nicht dort noch hier auf Erden,
der nicht ganz inniglich
begehrt, ein Hirt zu werden.

Angelus Silesius, 1624–1677

Der wunderbare kleine Soldat

Eine Weihnachtsgeschichte von Tiny Fierz-Herzberg

Daß das Christkind sich die große Arbeit, die Kinder
auf der ganzen Welt zu beschenken, ein wenig zu er-
leichtern suchte, war verständlich.
Mutter und ich fanden denn auch des Christkinds
Idee, seine Gaben schon einige Wochen vor dem Fest
bei den Eltern braver Kinder zu deponieren, um sie
dann am Heiligen Abend eigenhändig aufzubauen,
sehr vernünftig. Auch begriff ich und war darin mit

Mutter absolut einig, daß es einen groben Vertrauens-
bruch dem Christkind gegenüber bedeutet hätte, wäre
ein Kind etwa die Lust angekommen, in diesen ge-
heimnisdurchwehten, vorweihnachtlichen Tagen in
der Wohnung herumzuschnüffeln.

Peter und ich waren zwei fröhliche, beherzte und
manchmal etwas laute Kinder, die einträchtig miteinander spielen konnten, aber sich hin und wieder
in die Haare fuhren. Peter war der Sohn unseres
Milchmanns. Er wollte Milchmann werden, erwog
aber hin und wieder auch, General zu werden. Aber
ich war mehr für den Milchmann.

Es war der Tag vor dem Heiligen Abend. Meine
Eltern machten einige Besorgungen, und unser altes
Röschen schaffte sich in der Küche mit verrutschter
Frisur und in karierter Schürze unter unfreundlichen
Selbstgesprächen das Herz aus dem Leibe. Die Luft
roch süß und festlich.

Peter und ich saßen im Wohnzimmer und spielten
»Mensch, ärgere dich nicht«. Da ich dauernd verlor,
sagte ich nach einer Weile: »Das Spiel ist langweilig,
ich mag nicht mehr.«

Keiner wußte später zu sagen, wie es begonnen hatte. Aber auf einmal begannen wir in den Ecken und
Winkeln herumzusuchen. Wie von einem Magnet
angezogen, hoben wir die grünen Plüschfransen, und
was wir da erblickten, ließ uns sekundenlang den
Herzschlag stocken. Wir hatten das Versteck des
Christkinds entdeckt!

Wir hatten wohl den Wunsch, der Versuchung zu
widerstehen. Aber es gelang uns nicht. – Es waren
zwei große, fest verschnürte Pakete und ein kleine-

res, längliches. Verpackt in rosa Papier und ohne Schnur. »Laß uns wenigstens in das reinsehn ...«, flüsterte ich, »mach du es, Peter.« Das Herz klopfte mir vor Aufregung und Gewissensnot, aber auch vor

unwiderstehlicher Neugierde. Ich schluckte, und dann sagte ich: »Also los.« Da zog Peter es langsam hervor, und auch sein Gesicht war nicht gerade glücklich. »Mensch –«, sagte Peter, »das ist ein dolles Ding! Das ist was mit 'nem Schlüssel.« »Mit was für einem Schlüssel?« flüsterte ich. »Zum Aufziehn, da liegt er ja daneben«, antwortete er und flüsterte auch. – Es war ein kleiner Soldat, der da, mit geschultertem Gewehr und mit einem reizenden Helmchen auf dem goldenen Lockenschopf, eingebettet in rosa Seidenpapier vor uns lag. Mit einer begehrlichen, besitzergreifenden Geste riß Peters rauhe Bubenhand ihn aus dem Papier. Aber schon hatte ich mich auf ihn gestürzt. »Gib ihn sofort her, das ist meiner«, schrie ich, alle Vorsicht vergessend. »Bitte«, sagte er

mit gespieltem Gleichmut, »wenn es deiner ist, dann
zieh ihn auch selber auf.« Was blieb mir übrig, als
mich seinem technischen Besserwissen zu beugen
und klein beizugeben? Da ließ sich Peter wieder auf
die Knie, von denen er sich schon erhoben hatte,
fischte den winzigen Schlüssel heraus und steckte
ihn dem kleinen Soldaten mitten in den Rücken. Der
Schlüssel drehte sich mit hartem, kratzendem Geräusch, und der kleine Soldat begann zu zittern und
zu zucken. Dann zappelten die blaubehosten Bein-
chen. Peter schlug den Teppich zurück und setzte
das Figürchen auf die Erde. Zu meinem fassungslo-
sen Entzücken begann der kleine Soldat zu mar-
schieren, lächelnd, kerzengerade aufgerichtet und
mit militärischem Schwung. Vor Staunen und Be-
geisterung preßte ich die Hand auf meinen aufgeris-
senen Mund. Aber der Charme dieses Kerlchens
war noch nicht erschöpft. Bei jedem dritten oder
vierten Schritt hob er grüßend die Rechte an den
Mützenschirm.
Plötzlich hörten wir, wie sich draußen an der Woh-
nungstür ein Schlüssel im Schloß drehte. Wie ge-
lähmt blieb ich mit hängenden Armen stehen. Aber
da zeigte Peter, daß er aus derberem Holz geschnitzt
war. Mit einem Tritt beförderte er den noch immer
marschierenden Soldaten unters Sofa. Gerade noch,
ehe Vater die Zimmertür öffnete. Auf seinem Mantel
glitzerte Schnee. Er lächelte. Aber dann geschah
etwas Seltsames. Vaters Blick fiel erstaunt zur Erde.
Es erschien unter den Fransen des Sofas, mit eifri-
gen, stampfenden Schrittchen geradewegs auf Vater
zukommend, der kleine Soldat. Lächelnd und artig

grüßend die Hand an den Helm gelegt. Befremdet in hohem Maße und ganz offensichtlich die Zusammenhänge nicht gleich begreifend, sah Vater zu ihm herab. Dann hatte er verstanden. Im gleichen Augenblick war Peter lautlos und wie ein Schatten zur Tür hinaus. Vater sah mich an. Ernst, unbeweglich. Und – heute weiß ich es, mit einem Funken von Sarkasmus. Ich hielt seinem Blick stand, aber das Zimmer kreiste vor meinen Augen. Dann war ich wieder allein. Ich fing bitterlich an zu weinen. Am Boden vor mir stand starr lächelnd und reglos der kleine Soldat mit halberhobenem Arm. Da rannte ich auch aus dem Zimmer. —

Niemand sprach mit mir über diesen Vorfall. Das war das Unheimliche und Bedrückende daran. In dieser Nacht schlief ich unruhig und durch meine Träume stolzierte, unablässig hart klappernd und stampfend, der kleine Soldat. –

Am Abend klingelte das Glöckchen und unter dem strahlenden Weihnachtsbaum lagen wunderschöne Dinge. Alle lächelten, Vater, Mutter und Röschen. Verstohlen suchte ich nach dem kleinen Soldaten. Später rückte ich sogar die Krippe ein wenig zur Seite, daß die Schäfchen umfielen. Er war nirgends. Er blieb verschwunden. Aber da meine Bekanntschaft mit ihm so schmachvoll gewesen war, wagte ich mit niemandem darüber zu sprechen. So sehr außerdem schwiegen die Eltern die Existenz des kleinen Soldaten tot, daß ich zu glauben anfing, ich hätte das Ganze nur geträumt. – Erst ein Jahr später fand ich den kleinen Soldaten unter dem Weihnachtsbaum.

Sankt Niklas

Vater: Es wird aus den Zeitungen vernommen,
Daß der heilige Sankt Niklaus
    werde kommen
Aus Moskau, wo er gehalten wert
Und als ein Heiliger wird geehrt;
Er ist bereits schon auf der Fahrt,
Zu besuchen die Schuljugend zart,
Zu sehn, was die kleinen Mägdlein und
    Knaben
In diesem Jahr gelernet haben
In Beten, Schreiben, Singen und Lesen,
Auch ob sie sind hübsch fromm gewesen.
Er hat auch in seinen Sack verschlossen
Schöne Puppen, aus Zucker gegossen,
Den Kindern, welche hübsch fromm wären,
Will er solche schöne Sachen verehren.

Kind: Ich bitte dich, St. Niklaus, sehr,
In meinem Hause auch einkehr,
Bring Bücher, Kleider und auch Schuh
Und noch viel schöne gute Sachen dazu,
So will ich lernen wohl
Und fromm sein, wie ich soll.

Niklas: Gott grüß euch, lieben Kinderlein,
Ihr sollt Vater und Mutter gehorsam sein,
So soll euch was Schönes bescheret sein.
Wenn ihr aber das nicht tut,
So bringe ich euch den Stecken und die
Rut.

Aus »Des Knaben Wunderhorn«

Der Wunderknäuel-Adventskalender

Ein Adventskalender, der vor allem bei kleinen
Mädchen den Spaß am vorweihnachtlichen Handar-
beiten fördert und zugleich mithilft, daß Muttis
Topflappen oder Papis warmer Schal ganz sicher zur
Bescherung fertig werden, ist das Wunderknäuel.
Beim Abwickeln der Wolle vom Strang auf das
Knäuel werden in buntes Stanniol oder Weihnachts-
papier eingepackte Bonbons, Schokolade, Marzipan
und Nougat, erste Weihnachtsbäckereien, aber auch

vergoldete Nüsse, kleine Püppchen, vielleicht ein erzgebirgisches Spielzeug oder ein Rauschgoldengelchen, als tägliche Überraschung mit eingebaut. Zu jedem Tag, vom 1. bis zum 24. Dezember, gehört eine Kleinigkeit. Allerdings muß sie erst fleißig abgestrickt oder gehäkelt werden. Das Wunderknäuel wird, je nachdem, was hineinkommt, natürlich sehr groß. Die Wolle muß fest gewickelt werden, damit nichts vor der Zeit herausfallen kann. Die »Fadenstrecke« von einem zum anderen Tag sollte immer gleich und nie zu lang sein.

Und natürlich kann man die Zutaten zum Wunderknäuel je nach Anlaß variieren, sich etwa zum Nikolaustag am 6. Dezember und für die vier Adventssonntage etwas Besonderes einfallen lassen, oder die Farben der Wolle hübsch auf Verpackung und Inhalt des Knäuels abstimmen.

Nikolaus, ich wart schon lange!

Nikolaus, ich wart schon lange!
Bring mir eine Zuckerstange.
Zuckerstangen schmecken fein!
Bring von Marzipan ein Schwein.
Bring mir eine Spielzeugkuh,
bring mir ein paar neue Schuh,
bring auch eine Eisenbahn,
einen Honigkuchenmann,
Äpfel, Kringel und Korinthen,
Schokolade, Keks und Printen,
einen Teddy, weich und braun,
Christbaumschmuck, hübsch anzuschaun,
eine Puppe, die was spricht.
Aber eine Rute nicht!

Bruno Horst Bull

Bowlen und Punsche

Wenn es draußen kalt und dunkel ist, die Adventskerzen brennen und der Duft von Tannennadeln, Räucherkerzchen und den ersten Weihnachtsbäckereien durch das Haus zieht, ist es Zeit für Punsch und Glühwein, Grog oder Feuerzangenbowle.

Punsch, zwar eigentlich das Silvestergetränk par excellence, ist aus Indien zu uns gekommen. Man braucht dazu:

500 Gramm Zucker
1 Viertelliter Wasser
2 Flaschen guten Rotwein
1 halben Liter Arrak

Zucker und Wasser werden zusammen so lange ge-kocht, bis sich der Zucker völlig aufgelöst hat. Dann den Rotwein dazugeben, alles sehr heiß werden las-sen, aber nicht kochen. Vom Feuer nehmen und den Arrak dazugießen.

Als Variante: am Schluß noch eine Flasche Sekt (natürlich nicht erhitzt!) hineingeben.

Glühwein kann man aus weißem oder rotem Wein machen, allerdings ist es falsch, zu glauben, der Wein brauche nicht besonders gut zu sein. Je besser die Zutaten, um so besser der Glühwein. Man nehme pro Person:

3 bis 4 Zuckerwürfel
1 Streifen Zitronenschale
2 bis 3 Gewürznelken
1 bis 2 Stückchen Zimtrinde
1 Viertelliter Rot- oder Weißwein

Alles zusammen erhitzen, aber keinesfalls kochen. Kurz vor dem Aufkochen (man erkennt den Zeit-punkt daran, daß der weiße Schaum verschwindet) vom Feuer nehmen. Durch ein Sieb in vorher ange-wärmte Gläser, in denen ein Silberlöffel steht, gießen. Für den »klassischen Grog« gilt noch immer die alte Seemannsregel: »Wasser kann, Zucker soll, Rum muß sein.« Am besten ist auch hier echter Rum.

Gebraucht wird pro Person:

2 bis 3 Stück Würfelzucker
1 Scheibe Zitrone
Rum

Zucker und Zitrone ins Glas legen, das vorge-
wärmt ist, und in dem ein silberner Löffel steht. Darauf wird kochendheißes Wasser gegossen, und zwar
das Glas zu einem Drittel voll. Dann mit Rum auf-
füllen. Statt Rum kann man auch Kognak oder Arrak
verwenden.

Die Feuerzangenbowle, eine besondere Art Punsch,
die am Tisch in gemütlicher Runde zubereitet wird,
macht man aus

> *2 Flaschen Rotwein*
> *1 halben Flasche echtem Rum*
> *2 Orangen*
> *1 Zuckerhut*

Den Rotwein in einem Kupferkessel sehr heiß werden lassen. Den Saft der Orangen durch ein Sieb
dazugießen. Mit der Zuckerzange wird der Zuckerhut über den Kessel gelegt und mit hochprozentigem
Rum getränkt. Den Zuckerhut anzünden und eß-
löffelweise weiter mit Rum begießen, bis der ganze
Zucker geschmolzen und »kandiert« in den heißen
Rotwein getropft ist. Wirklich nur sehr guten, echten
und starken Rum verwenden, Verschnitt oder nor-
maler Rum sind nicht entflammbar.

Alltag im Advent

Nicht nur wir Normalbürger haben mit der Polizei zu tun.

Auch einem Nikolaus kann es passieren, daß er mit einem ganz irdischen »Blauen« in Kontroversen kommt.

So wartete am Montagabend, dem berühmten 6. Dezember, ein Streifenbeamter der Polizei an einem ganz gewöhnlichen kleinen Auto, das der Fahrer völlig unvorschriftsmäßig und keck in ein deutlich bezeichnetes Parkverbot gestellt hatte. Der Polizist – es war nicht gerade in der kritischen Innenstadt – war eben am Überlegen, ob er sein Blöcklein mit vorgedruckten Aufforderungen, sich auf dem Revier zu melden, ziehen solle, aber da es so kalt war, ließ er die Hände lieber in den Handschuhen. Unschlüssig stand er, ob er besser weitergehen oder amtliche Kenntnis zu nehmen hätte.

In diese Überlegungen hinein trat eine vermummte Gestalt aus dem Hauseingang, schritt auf den Wagen zu und erwies sich als der Fahrer des falsch geparkten Fahrzeugs. Als Polizist kann man nun nicht mehr den Ahnungslosen markieren, sondern ist zur Amtshandlung gezwungen.

»Sie!«, sagte der Ordnungshüter, dem der Autofahrer den Buckel hinstreckte, »Sie, haben Sie nicht gesehen, daß Sie im Parkverbot stehen?«

Der Fremde drehte sich um.

Wahrscheinlich haben dem Polizeibeamten, der ja auch einmal ein Knabe war, in diesem Augenblick die amtsblauen Hosenbeine geschlottert. Denn der

Autofahrer trug eine Kutte, einen mächtigen weißen Bart, eine Rute in der Hand und sah ehrfurcht-
gebietend drein.

»... im Parkverbot stehen«, monierte der Beamte nur
noch schwach und hätte sich eigentlich am liebsten
unverzüglich auf seinen Rundgang begeben.

»Stimmt!«, brummte der Nikolaus und ließ lässig
die Rute in den Fingern kreisen.

»Das ist ein Parkverbot. Aber Sie wissen, daß auch
im Parkverbot das Be- und Entladen des Fahrzeugs
erlaubt ist!«

»Allerdings«, stimmte der Polizist froh ein.

»Und wie Sie hier sehen«, fuhr der Nikolaus fort und schwang einen leeren Sack, »habe ich in diesem Hause einiges entladen. Dieser Sack war einmal voll mit Nüssen, Äpfeln und anderen Sachen. Oder wollten Sie, daß ein Nikolaus von heute einen Sack zu Fuß schleppen soll, wo jedes Bierfahrzeug im Parkverbot halten darf?«

»Oh!«, lächelte der Polizeibeamte, »das wollte ich keineswegs. Das geht in Ordnung. Ich wünsche Ihnen ein frohes Weihnachtsfest!«

Am liebsten hätte er noch »Lieber Nikolaus« angefügt.

Aber da genierte er sich.

Ein Polizeibeamter ist ja schließlich kein Knabe mehr.

Knecht Ruprecht

Ruprecht:

Von drauß' vom Walde komm ich her;
Ich muß euch sagen, es weihnachtet sehr!
Allüberall auf den Tannenspitzen
sah ich goldene Lichtlein sitzen;
Und droben aus dem Himmelstor
sah mit großen Augen das Christkind hervor,
und wie ich so strolcht' durch den finstern Tann,
da riefs mich mit heller Stimme an:
»Knecht Ruprecht«, rief es, »alter Gesell,
hebe die Beine und spute dich schnell!

Die Kerzen fangen zu brennen an,
das Himmelstor ist aufgetan,
Alt' und Junge sollen nun
von der Jagd des Lebens einmal ruhn;
Und morgen flieg ich hinab zur Erden;
Denn es soll wieder Weihnachten werden!«
Ich sprach: »O lieber Herre Christ,
meine Reise fast zu Ende ist;
Ich soll nur noch in diese Stadt,
wo's eitel gute Kinder hat.«
– »Hast denn das Säcklein auch bei dir?«
Ich sprach: »Das Säcklein, das ist hier:
Denn Äpfel, Nuß und Mandelkern
fressen fromme Kinder gern.«
—— »Hast denn die Rute auch bei dir?«
Ich sprach: »Die Rute, die ist hier;
Doch für die Kinder nur, die schlechten,
die trifft sie auf den Teil, den rechten.«
Christkindlein sprach: »So ist es recht!
So geh mit Gott, mein treuer Knecht!«

Von drauß' vom Walde komm ich her;
Ich muß euch sagen, es weihnachtet sehr!
Nun sprecht, wie ich's hierinnen find!
Sind's gute Kind, sind's böse Kind?

Vater:
Die Kinder sind wohl alle gut,
haben nur mitunter was trotzigen Mut.

Ruprecht:

Ei, ei, für trotz'gen Kindermut
ist meine lange Rute gut!
Heißt es bei euch denn nicht mitunter:
Nieder den Kopf und die Hosen herunter?

Vater:

Wie einer sündigt, so wird er gestraft;
Die Kinder sind schon alle brav.

Ruprecht:

Stecken sie alle die Nas' auch tüchtig ins Buch,
lesen und schreiben und rechnen genug?

Vater:

Sie lernen mit ihrer kleinen Kraft;
Wir hoffen zu Gott, daß es endlich schafft.

Ruprecht:

Beten sie denn nach altem Brauch
im Bett ihr Abendsprüchlein auch?

Vater:

Neulich hört' ich im Kämmerlein
eine kleine Stimme sprechen allein,
und als ich an die Tür getreten,
für alle Lieben hört' ich sie beten.

Ruprecht:

So nehmet denn Christkindleins Gruß,
Kuchen und Äpfel, Äpfel und Nuß;
Probiert einmal von seinen Gaben;
Morgen sollt ihr was Besseres haben!

Dann kommt mit seinem Kerzenschein
Christkindlein selbst zu euch herein.
Heut hält es noch am Himmel Wacht;
Nun schlafet sanft, habt gute Nacht!

Theodor Storm, 1817–1888

Es gibt so wunderweiße Nächte

Es gibt so wunderweiße Nächte,
drin alle Dinge Silber sind.
Da schimmert mancher Stern so lind,
als ob er fromme Hirten brächte
zu einem neuen Jesuskind.

Weit wie mit dichtem Demantstaube
bestreut, erscheinen Flur und Flut,
und in die Herzen, traumgemut,
steigt ein kapellenloser Glaube,
der leise seine Wunder tut.

Rainer Maria Rilke, 1875-1926

Heut ist Niklaus- abend da

ikolaustag – ein Fest der Kinder. Sie kümmern sich wenig um überlieferte Sitten, um altes Brauchtum, das sich um die Gestalt des gefürchteten und geliebten Gabenbringers rankt. Sie stellen am 5. abends ihren Schuh vor die Türe, sie hängen einen Strumpf in den Kamin oder ans Ofenrohr und wollen ihn am anderen Morgen gefüllt vorfinden. Sie erwarten vielleicht sogar, daß ein rotbemäntelter Nikolaus oder Ruprecht mit möglichst großem Sack und möglichst kleiner Rute am 6. Dezember persönlich vorspricht, und sie haben auch ein Sprüchlein gelernt. Es soll den Himmelsboten ein bißchen bestechen, ihm schmeicheln und ihn von all den kleinen Übeltaten ablenken, die Niklas, wie sie wohl wissen, in seinem großen Buche aufzunotieren pflegt. Und natürlich soll es die Gaben aus den Taschen und dem Sacke locken.

Wenn Sie also einen Onkel, einen großen Vetter oder einen ähnlichen hilfsbereiten Geist in der Familie haben: Lassen Sie den Nikolaus kommen! Sparen Sie nicht am langen weißen Wattebart, an der prächtigen Kostümierung und am Sackinhalt. Dafür sei die Rute klein, das »Sündenregister« nicht zu groß, der Eindruck des »guten Gastes« nicht allzu bedrohlich. Am besten, Sie sprechen sich vorher genau mit ihm ab, erzählen ihm nicht nur, wo er Ermahnungen erteilen, sondern auch, wofür er loben soll. Berichten Sie ihm,

71

welche Gedichte, welches Lied ihr Kind auswendig
gelernt hat. Ein Nikolaus, der beim Steckenbleiben
weiterhelfen kann, erwirbt sich großes Ansehen. In
keinem Fall aber sollte der Vater selbst die Nikolaus-
rolle übernehmen. Wenn die Kleinen merken, daß
Nikolaus gar nicht Nikolaus ist, sondern Papa – und
die kleinste vertraute Geste kann das schon verraten – ist die Illusion zerstört. Und wer kann sich
schon so perfekt verstellen. Lieber »mieten« Sie sich
einen Leihnikolaus, der z. B. beim Studentenschnell-
dienst recht billig zu haben ist.

Auch sollte man sich mit dem, was im Sacke steckt, nach Möglichkeit an die Dinge halten, die im Kinderverschen besungen werden. Also nichts Praktisches, nichts Großes. Dabei können natürlich »Apfel, Nuß und Mandelkern« großzügig ausgelegt werden: Buntes Gebäck, ein kleines Plüschtier oder eine Puppe, der Ball, ein Holzpferdchen – lauter Dinge, die auch im Schuh oder Strumpf Platz haben, sind eben recht.

Dazwischen schnell noch einen vom Nikolausumzug abgewandelten Brauch aus der Gegend um Bremen: Dort zogen am 6. Dezember die Buben zu dritt von Haustür zu Haustür und baten, ähnlich wie es in Bayern am Dreikönigstag üblich ist, um eine kleine Gabe. Dazu sangen sie das folgende »Heischelied«:

Nikolaus, de gode Mann,
kloppt an alle Dören an,
kleene Kinner schenkt er wat,
grote Kinner steckt er in Sack.
Halli, halli, hallo,
so geits to Bremen to.

Falls nun »Ihrem« Nikolaus das Storm'sche »Von drauß vom Walde...« zu lang sein sollte (denn natürlich muß er mit tiefer Brummstimme ein Eintrittsverslein sprechen!) – wie wäre es mit:

Gott grüß euch, liebe Kinderlein,
ihr sollt Vater und Mutter gehorsam sein,
so soll euch was Schönes bescheret sein.
Wenn ihr aber das nicht tut,
so bring ich euch Stecken und Rut.

Nun ein paar Beispiele für Gedichte, die auch Kinder im vorschulpflichtigen Alter lernen und aufsagen können, wenn sie langsam und mit Geduld eingeübt werden; hier ein alter, allerdings sehr kecker »Weihnachtsruf«:

Ruprecht, Ruprecht, guter Gast,
hast du mir was mitgebracht?
Hast du was, dann setz dich nieder,
hast du nichts, dann geh nur wieder.

Ein anderer volkstümlicher Spruch:

Knecht Ruprecht schleicht von Haus zu Haus
und blinzelt durch die Scheiben
und sucht sich die artigen Kinder aus
und guckt, wie die bösen es treiben.
Husch, husch ist er vorbei –
o weh, die bösen – die guten, ei, ei!

Oder:

St. Niklas ist ein braver Mann,
bringt den kleinen Kindern was,
die großen läßt er laufen,
die können sich was kaufen.

Ich bin noch ein ganz kleiner Mann
und bin ein bißchen bange.
Drum schaue mich recht freundlich an,
laß mich nicht warten lange.
Schenk Nüsse mir und Mandelkern,
dann hab ich dich, Knecht Ruprecht, gern.

Oder:

Holler, boller, Rumpelsack,
Niklas trug sein Huckepack,
Weihnachtsnüsse, gelb und braun,
runzlich, punzlich anzuschaun.

Knackt die Schale, springt der Kern,
Weihnachtsnüsse eß ich gern.
Komm bald wieder in mein Haus,
alter guter Nikolaus.

Wie alle Niklaussprüchlein »flirtet« auch dieses Kin-
derlied aus dem Hunsrück ein bißchen mit dem gefürchteten Gabenbringer. Ebenso die beiden folgenden Kinderverse:

Niklaus, Niklaus, heiliger Mann,
zieh die großen Stiefel an,
reis damit nach Spanien,
kauf Äpfel, Nüss, Kastanien!

Und:

Niklaus, Niklaus, huckepack,
schenk uns was aus deinem Sack!
Schütte deine Sachen aus,
gute Kinder sind im Haus!

Oder:

Laßt uns froh und munter sein,
und uns recht von Herzen freun.
Lustig, lustig trallala,
Bald ist Niklausabend da!

Dann stell ich den Teller auf,
Niklaus legt gewiß was drauf.
Lustig, lustig trallala,
bald ist Niklausabend da!

Wenn ich schlaf, dann träume ich:
Jetzt bringt Niklaus was für mich.
Lustig, lustig trallala,
heut ist Niklausabend da!

Wenn ich aufgestanden bin,
lauf ich schnell zum Teller hin.
Lustig, lustig trallala,
Nun war Niklausabend da.

Niklaus ist ein guter Mann,
dem man nicht g'nug danken kann.
Lustig, lustig trallala,
nun war Niklausabend da.

Kinder, die schon zur Schule gehen, können das
Nikolausgedicht von Paula Dehmel »Weihnachts-
schnee« lernen und hersagen:

Ihr Kinder sperrt die Näschen auf,
es riecht nach Weihnachtstorten;
Knecht Ruprecht steht am Himmelsherd
und bäckt die feinsten Sorten.

Ihr Kinder sperrt die Augen auf,
sonst nehmt den Operngucker;
die große Himmelsbüchse seht,
tut Ruprecht ganz voll Zucker.

Er streut – die Kuchen sind schon voll –
er streut – na, das wird munter –
er schüttelt die Büchse und streut und streut
den ganzen Zucker runter.

Ihr Kinder sperrt die Mäulchen auf,
schnell! Zucker schneit es heute!
Fangt auf! Holt Schüsseln! Ihr glaubt es nicht?
Ihr seid ungläubige Leute!

Und schließlich:

Draußen weht es bitterkalt.
Wer kommt da durch den Winterwald?
Stipp-stapp, stipp-stapp und huckepack –
Knecht Ruprecht ists mit seinem Sack.
Was ist denn in dem Sacke drin?
Äpfel, Mandeln und Rosin'
und schöne Zuckerrosen,
auch Pfeffernüss fürs gute Kind.
Die andern, die nicht artig sind,
die klopft er auf die Hosen.

Falls aber Nikolaus' persönliches Erscheinen aus
irgendeinem Grund verhindert sein sollte, lassen Sie
sich für die Bescherung am 6. viel einfallen.
Zum Beispiel: Aus Hasel- oder anderen glatten dünnen Zweigen eine Rute binden. Ihr Bund wird mit
Gold- oder Silberfolie überzogen und einer stattli-
chen roten Schleife verschnürt. An die Zweige hängen wir Konfekt, Kringel, aus Lebkuchenteig geformte Nikolausfiguren, Bonbons und Marzipan.
Die Rute legt »Nikolaus« auf den Frühstückstisch,
ans Fußende des Bettes, neben den Schulranzen oder
einfach vor die Tür des Kinderzimmers. Der traditionelle Strumpf an der Türklinke läßt sich nachts
heimlich durch eine der phantasievollen bunten Ni-
kolaustüten ersetzen, die es in den ersten Advents-
tagen in Papierwarengeschäften zu kaufen gibt. Oder
ein großer roter Stiefel aus Pappe, mit rotem Glanzpapier beklebt und oben zuzubinden, kann an die

Stelle des blankgeputzten Kinderschuhs geschoben werden.

Vielleicht nehmen Sie auch einen bunt bebänderten und mit eigenhändig aus Filz aufgenähten Nikolausen geschmückten Badeschuh; den Schuh, das »Rohmaterial« also, kann man billig im Warenhaus kaufen und ausstaffiert und gefüllt über dem Bett aufhängen. Schließlich: Verstecken Sie Nikolaus' bunte Mitbringsel im Kinderzimmer, wie die Ostereier.

St. Niklas' Auszug

St. Niklas zieht den Schlafrock aus,
klopft seine lange Pfeife aus
und sagt zur heiligen Kathrein:
»Öl mir die Wasserstiefel ein,
bitte hol auch den Knotenstock
vom Boden und den Fuchspelzrock;
die Mütze lege obendrauf,
und schütt dem Esel tüchtig auf,
wir reisen, es ist Weihnachtszeit.
Und daß ich's nicht vergess', ein Loch
ist vorn im Sack, das stopfe noch!
Ich geh' derweil zu Gottes Sohn
und hol' mir meine Instruktion.«

Die heil'ge Käthe, sanft und still,
tut alles, was St. Niklas will.
Der klopft indes beim Herrgott an;
St. Peter hat ihm aufgetan

und sagt: »Grüß Gott, wie schaut's denn aus?«
und führt ihn ins himmlische Werkstättenhaus.
Da sitzen die Englein an langen Tischen,
ab und zu Feen dazwischen,
die den kleinsten zeigen, wie's zu machen,
und weben und kleben die niedlichen Sachen,
hämmern und häkeln, schnitzen und schneidern,
fälteln die Stoffe zu niedlichen Kleidern,
packen die Schachteln, binden sie zu
und haben so glühende Bäckchen wie du!
Herr Jesus sitzt an seinem Pult
und schreibt mit Liebe und Geduld
eine lange Liste. Potz Element,
wieviel artige Kinder Herr Jesus kennt!
Die sollen die schönen Engelsgaben
zu Weihnachten haben.
Was fertig ist, wird eingesackt
und auf das Eselchen gepackt.

St. Niklas zieht sich recht warm an –
Kinder, er ist ein alter Mann –,
und es fängt tüchtig an zu schnein,
da muß er schon vorsichtig sein!
So geht es durch die Wälder im Schritt,
manch Tannenbäumchen nimmt er mit,
und wo er wandert, bleibt im Schnee
manch Futterkörnchen für Hase und Reh.
Leise macht er die Türen auf,
jubelnd umdrängt ihn der kleine Hauf:
»St. Niklas, St. Niklas, was hast du gebracht?
Was haben die Englein für uns gemacht?«
»Schön Ding! Gut Ding! Aus dem himmlischen
Haus!
Langt in den Sack! Holt euch was raus!«

Paula Dehmel

Vom Volksbrauch zum Nikolaustag

Von Hedi Lehmann

St. Nikolaus ist eine der eindrucksvollsten Gestalten
im Kinderland, die auch heute noch nichts von ihrem
Zauber, gemischt aus Furcht und Freude, eingebüßt
haben. Trotz der zahllosen Berufs-Nikolause in den
Warenhäusern ist sein Besuch am Vorabend des
6. Dezember das große Kinderfest vor Weihnachten.

81

In Schleswig-Holstein gibt sich der Nikolaus ein
wenig anders als im Rheinland, und seine Begleiter
wechseln; einmal heißen sie Buller- oder Pulterklas,
ein andermal Pelzmärte und Klaubauf, Knecht Ruprecht, Krampus oder Hans Muff. Manchmal erscheint im Süden sogar eine Nikolausfrau in seiner
Begleitung, und oft sind es wahre Schreckgestalten,
die lärmend mit ihm durch die Winternacht ziehen.
Hier mischt sich christlicher Brauch mit heidnischer
Überlieferung.

Die Gestalt des Gabenbringers Nikolaus geht auf
zwei historische Persönlichkeiten zurück, deren Le-
genden so ineinander verwoben sind, daß sie wie
eine einzige Heiligengeschichte anmuten. Ein heiliger Nikolaus war um 300 Bischof von Myra in Kleinasien. In der morgenländischen Kirche gehört er zu
den bekanntesten Heiligen. In Deutschland kennt
man ihn seit dem 10. Jahrhundert, aber da hatte sich
sein Bild schon mit der Gestalt des Abtes von Sion
vermischt, der 564 gestorben ist. St. Nikolaus war
der einzige weihnachtliche Gabenspender der Kinder, bis die Reformation mit der Einführung des
Christkinds seine Bedeutung einschränkte. Ist St. Nikolaus für die Kinder auch nicht mehr das strahlende
Wunder des weihnachtlichen Bescherers, so gehören
die Volksbräuche an diesem Tage doch noch zu den
lebendigsten unserer Zeit.

Im Elsaß verstecken sich die Kinder, wenn der Nikolaus kommt und rufen:

Niki, Niki, Niki,
hinterm Ofen steck i;
bring mer Apfel un Bire,
so kum i wieder fire.

Kommt der Nikolaus nicht persönlich ins Haus, so
erwarten die Kinder doch seine Gaben, wenn sie
abends ihre Schuhe oder einen Teller vors Fenster
stellen und sagen:

St. Nikolaus, leg mir ein,
was dein guter Will mag sein;
Apfel, Nuß und Mandelkern
essen kleine Kinder gern.

Am Morgen ist der Teller immer gefüllt. Die süd-
deutschen Kinder finden obenauf einen Klausemann,
eine in Brotteig gebackene Nachbildung des Nikolaus, und für die Kinder in Friesland legt der Sün-
nerklas seine Geschenke in die Schuhe, die sie abends
in die Nähe des Schornsteins gestellt haben.

83

Aus dem Bischof Nikolaus wurde mancherorts die neutrale Figur des Weihnachtsmannes im roten Kapuzenmantel und mit wallendem weißem Gottvaterbart, so wie ihn Moritz von Schwind gezeichnet und über die Münchner Bilderbogen weit ins Land verbreitet hat.

Kling, Glöckchen, kling!

Volkslied

Kling, Glöck-chen, klin-ge-lin-ge-ling, kling, Glöck-chen, kling! Laßt mich ein ihr Kin-der, ist so kalt der Win-ter, öff-net mir die Tü - ren, laßt mich nicht er-frie-ren! Kling, Glöck-chen, klin-ge-lin-ge-ling, kling, Glöck-chen, kling!

Kling, Glöckchen, klingelingeling,
kling, Glöckchen, kling!
Mädchen, hört und Bübchen,
macht mir auf das Stübchen,
bring euch viele Gaben,
sollt euch daran laben.
Kling, Glöckchen, klingelingeling,
kling Glöckchen, kling!

Kling, Glöckchen, klingelingeling,
kling, Glöckchen, kling!
Hell erglühn die Kerzen,
öffnet mir die Herzen,
daß ich euch erfreue
jeden Tag aufs neue.
Kling, Glöckchen, klingelingeling,
kling, Glöckchen, kling.

Karl Enslin

Bess bestellt einen Truthahn

Eine Weihnachtsgeschichte von Carl Bulcke

Die Gärten der Legationen ziehen sich bis zum Meer hinab. Es ist kurz vor Weihnachten: Die Mimosen blühn eigelb, die Rabatten stehn dunkelblau von Veilchen. Wölfchen ist Legationssekretär bei der deutschen Gesandtschaft, Jane ist die Schwester der englischen Gesandtenfrau. Jane ist schon seit Oktober zu Besuch da.

Jane und Wölfchen sitzen am Meer auf einer umgestürzten arg verwitterten Säule. Hier soll vor zweitausend Jahren eine griechische Kolonie gelebt haben. Jane und Wölfchen haben sich vor einer Woche aus Versehen einmal geküßt. Doch dann ist davon nicht weiter gesprochen worden. Es war wirklich aus Versehen geschehn, mitten in einem Gespräch über das Wort Freundlichsein. Wölfchen sieht auf das Meer. »Wir sind doch recht weit von der Heimat fort, Fräulein Jane«, sagt Wölfchen. »Ich habe manchmal Heimweh.« – »Gar nicht weit«, sagt Jane. »Im Flugzeug kann man schon in zwei Stunden in Wien sein. Ich bin ja auch bald wieder zu Haus.« – »Was sagen Sie da, Fräulein Jane? Bald? Sie haben noch gestern, nein, es war vorgestern, im französischen Garten gesagt, Sie blieben bis Ostern.«

Jane hebt Steinchen auf. »Hab' ich das wirklich gesagt, Wölfchen? Ich weiß es nicht mehr. Ich bin doch schon so lange hier. Außerdem bestimmt Pa, wie lange ich hierbleiben darf. Vielleicht sind wir schon im Februar in Sorrent.« – »Nein, das geht nicht, Fräulein Jane, das geht wirklich nicht. Zuerst sagen Sie, Sie blieben bis Ostern, und nun fahren Sie nach Sorrent. Mit wem soll ich dann wohl hier Tennis spielen? Und außerdem lernen wir doch zusammen, denke ich, arabisch? Das gilt Ihnen nichts?« – »Doch, Wölfchen, einiges gilt es mir.« – »Sie müssen sagen: Ich schwöre. Ich schwöre auf heiliges, englisches Ehrenwort. Sagen Sie nach: Liebes Wölfchen, ich schwöre ...« Doch da kommt Bess mit den beiden schneeweißen Windhunden.

Bess ist der Vorname der englischen Gesandtenfrau. Der Vorname des englischen Gesandten ist Jim. Die Köchin heißt May, der Diener heißt Tom, der Schofför heißt Jack. Anfang Dezember bestellt Bess als Überraschung für Jim bei Smith Brothers & Co. in London als Weihnachtsessen einen Truthahn. Smith Brothers telegrafieren an Bess, daß der Truthahn abgesandt sei. Man habe in der Downing-Street angefragt, ein Kurier sei ohnehin unterwegs, der Kurier würde den Truthahn mitbringen. Alles klappt. Als der Kurier gemeldet wird, ist Jim auf der Jagd. Der Kurier schleppt eine Kiste aus einem kleinen Mietsauto. Bess ist gerade im Garten, Jane ruft schallend zum Garten hinab: »Bess, der Turkey ist da!« O Lord, Bess kommt, Bess ist erst ein Jahr verheiratet, Bess erschrickt, Bess hat sich das ganz anders gedacht: Eine Kiste steht da, einen Raummeter hoch, mit Lattenverschlag und Futternapf: Der Turkey ist da, aber er ist lebendig. Schönes großes Tier in prachtvollem Federkleid, guckt sehr böse.

»O Lord«, wehklagt Bess. »Was tun wir mit einem

lebendigen Truthahn? Jane, magst Du einen Truthahn schlachten?« Jane schaudert. Wölfchen erscheint am Zaun, er will Jane zum Tennis abholen.
Jane ruft lachend und im Unbedacht: »Wölfchen,
kommen Sie rasch, Sie sollen uns einen Gefallen tun.
Sie sollen hier den Truthahn schlachten.« Wölfchen
ist ein sehr kluger Junge. Er küßt der Gesandtenfrau
die Hand: »Lady, der Fall ist schwierig. Ich weiß
Bescheid. Die Schlächter und Fleischer im Ort tun so
was nicht. Das verbietet ihnen das Gesetz. Der Herr
Gesandte muß die Flinte nehmen.« Bess verdreht die
Augen. »Kinder, ihr beiden, ihr geht jetzt erst einmal Tennis spielen, damit ich euch los bin.« Jane und
Wölfchen gehn Tennis spielen.
Der Kurier ist in die Gesandtschaft gegangen. Im
Vorgarten steht der Truthahn in seiner Kiste. Bess
fragt May. Bess fragt Tom. Bess fragt Jack. Alle drei
antworten mit Schaudern: »Lady, davon steht nichts
in unserem Dienstvertrag, daß wir in der Fremde
einen englischen Truthahn ums Leben bringen
sollen.«
Bess denkt nach. Mal eine Dummheit machen, sagt
Jim, das tut nichts. Das kann jedem geschehn, sogar

einem Engländer. Bloß blamieren darf man sich nicht. Blamage ist unverzeihlich. Beß telefoniert in die Stadt an den englischen Legationsarzt. »Lieber, bester Doktor, Sie müssen ganz rasch sich in Ihren kleinen Wagen setzen und bei mir einen Turkey schlachten.« Der Arzt sagt: »Lady, das ist zuviel verlangt. Das tut kein englischer Arzt. Bedaure.« – »Doktor, aber Sie müssen mir helfen. Doktor, ich bin in Tränen. Wenn Sie nicht kommen, blamiert sich das ganze englische Imperium. Wann sind Sie da?« – Der Arzt lenkt ein. »Lady, haben Sie einen Hühnerstall? Nein? Also gut, Waschküche genügt auch. Lassen Sie den Turkey in die Waschküche schaffen. Ich komme. Der Truthahn bekommt eine tüchtige Chloroformdosis, er fällt um, er hat keine Schmerzen auszustehn, er ist tot, die Ehre ist gerettet.« Schön. Der Doktor ist mit Tom und Jack in der Waschküche gewesen, der Truthahn ist tot. Jane ist wieder da. May sitzt in der Küche und rupft den Truthahn. Bess geht mit Jane im Garten auf und ab. Sie fragt bange: »Ob wohl die Sache schon herum ist in ganz Europa?« Jane antwortet: »Wölfchen hält den Mund. Auf Wölfchen ist Verlaß.« Bess ist sehr unglücklich. »Das sagst du so. Wenn die Männer was zu lachen haben, ist auf keinen von ihnen Verlaß. Wir wollen mal nachsehn.« Der Truthahn liegt gerupft auf dem Küchentisch. Bess, Jane, May, Tom, Jack stehn in der Küche. »Ein Prachtkerl, Lady«, sagt Tom. »Bei uns in Yorkshire stopft man in die Farce eine große Limone. Erst dann ist die Farce richtig.« »Schlaukopf«, sagt Jane. Draußen klingt Musik. Ein Regiment Soldaten marschiert vorüber. Bess, Jane, May, Tom, Jack, alle müssen das ansehen. Auf dem Küchentisch liegt der Truthahn. Bess und Jane stehn auf der Straße, die Offiziere grüßen. Der junge Prinz winkt, seine Hand steckt in weißem Glacéhandschuh. In den Garten ist ein Straßenköter eingedrungen, die beiden großen Windhunde nehmen das übel, alle fünf zusammen mit den beiden Windhunden haben zu tun, damit der alberne Köter verjagt wird. Darüber vergeht Zeit.

Als sie wieder in das Haus zurückkommen, läuft in der Küche kollernd und nackt, mit den Flügeln schlagend, furchtbar beleidigt der Truthahn herum. May schreit, Tom grinst, Jack jauchzt. Jane lehnt sich erschrocken an die Tür, Bess ringt die Hände. Eine ganz entsetzliche Sache. »Ich bin an allem schuld. Jane, was sagt nun bloß Jim?«

Das arme Tier, es friert natürlich. Es hat allen Grund, wütend zu sein. Noch ein zweites Mal diesen törichten Doktor kommen zu lassen, ist ausgeschlossen. »Ein grausam törichter Mann, Jane. Hast du bemerkt, die ganze Küche roch nach Chloroform.« – »Jetzt dürfen wir den Truthahn auch nicht mehr schlachten, Bess. Das geht einfach nicht. Hast du gesehn, wie mager auf einmal unser armer Turkey aussieht?« – »O Lord, o Lord.« – Jim hat gesagt, er käme erst am späten Nachmittag zurück.

Also ist Zeit. Tom und Jack und May müssen den Truthahn einfangen und mit dem Zentimetermaß, rechts und links und oben und unten, Flügelspannung, Brustweite und Halsweite genau auf die Länge abmessen. Das Tier faucht und schimpft, ist über die

Maßen böse. May hält den Turkey im Schoß, Tom nimmt Maß, Jack notiert. Es ist im Hause bloß gelbe und weiße Wolle da, dazu noch eine Docke roter Wolle. Die Lunchstunde wird vergessen. Die beiden

Damen stricken in Windeseile einen Jumper. Es erweist sich als blödsinnig schwer, für einen nackten Turkey einen Jumper zu stricken. Mit Ärmeln für die Flügel natürlich, mit Höschen, oben auf dem Rücken zum Zuknöpfen, und mit einer roten Kante um den Hals. Mühselige Arbeit, drei Zoll, fünf Zoll, »soll uns einer das nachmachen, Bess«. Bei der ersten Anprobe hackt und spuckt der Turkey in seiner Wut. Bei der zweiten Anprobe begreift er langsam. Jane lobt: »Er ist klug wie Wölfchen.« Um drei Uhr nachmittags ist der Jumper fertig, sitzt wie angegossen, ist oben auf dem Rücken zugeknöpft, und der Turkey stelzt durch den Garten. Um vier kommt Jim von der Jagd zurück, sieht die Bescherung und lacht,

lacht, wie er in seiner jungen Ehe noch nie gelacht hat.

Weihnachten ist längst vorüber. Die Legationen leben in gutem Einvernehmen, die meisten Dienstgebäude liegen nachbarlich nah. Kein Morgen, an dem sich nicht jede Legation nach dem Truthahn erkundigt. Wölfchen steht am Zaun, Jane kommt an das Gitter. »Jane, jeden Morgen beim Aufwachen denk' ich, Sie sind nicht mehr da.« Denn der Pa von Jane ist jetzt wirklich unterwegs und wird Jane ein Telegramm schicken; es ist nur noch ungewiß, wo Jane einzutreffen hat, in Genua oder in Neapel. Dem Turkey geht es gut, bloß seine Federn wollen nicht wachsen. Jim hat an Smith Brothers telegrafiert und zwei junge Truthennen kommen lassen. Sie treffen im Februar ein. Dann kommt das Telegramm an Jane. Wölfchen steht am Bahnhof, ist sehr unglücklich und sehr gefaßt, bringt einen großen Strauß roter Rosen. »Auf Wiedersehn«, sagt Jane und weiß von dem Kuß im November nichts mehr. Zu Ostern hat der komische Truthahn noch immer keine Federn, dafür aber den dritten Jumper, diesmal in Blau und Grün. Auch sind zu Ostern acht Küken da. Wenn er kollert und mit den Flügeln schlägt, fliegen die Ärmel des Jumpers, als gehörten sie zu der Robe eines lauthalsgebenden Advokaten. So sagt Jim. Das ganze Vieh ist immer noch mager, sein Ausdruck ist herrisch, die Lappen unter seinem Schnabel hängen wie ein schütterer Bart. Wölfchen steht am Zaun, und Bess will ihn trösten. Er fragt nicht nach Jane. Es tröstet schon, wenn Bess von dem Turkey erzählt. »Wölfchen, ich weiß jetzt, wie er aussieht«, sagt Bess, »wie

B. S.« Und Wölfchen lacht in seiner Kümmernis. B. S.
ist die Abkürzung für den Namen Bernard Shaw.
Die letzte Nachricht stammt aus der Mitte des Juni.
Jetzt haben bereits drei andere Legationen eine Trut-
hahnzucht. Jane hat zwei Monate nichts von sich
hören lassen.
Aber Wölfchen ist telegrafisch eingeladen, wenn er
im Juli Urlaub hat, den Eltern von Jane einen Besuch
abzustatten.

Gebet eines kleinen Knaben
an den Heiligen Christ

O lieber heil'ger frommer Christ,
Der für uns Kinder kommen ist,
Damit wir sollen weiß und rein
Und rechte Kinder Gottes sein,

Du Licht, vom lieben Gott gesandt
In unser dunkles Erdenland,
Du Himmelskind und Himmelsschein,
Damit wir sollen himmlisch sein:

Du lieber, heil'ger frommer Christ,
Weil heute dein Geburtstag ist,
Drum ist auf Erden weit und breit
Bei allen Kindern frohe Zeit.

O segne mich! Ich bin noch klein,
O mache mir den Busen rein!
O bade mir die Seele hell
In deinem reichen Himmelsquell!

Daß ich wie Engel Gottes sei
In Demut und in Liebe treu,
Daß ich dein bleibe für und für,
Du heil'ger Christ, das schenke mir!

Ernst Moritz Arndt, 1769–1860

Wiegenlied

a droben auf dem Turme
Da wehet der Wind,
Da wieget im Sturme
Der Adler sein Kind.

Hier unten im Turme
Hier wehet kein Wind,
Hier betet die Mutter
Und wieget ihr Kind,

Und hat von der Wiege
Zur Krippe ein Band,
Von Glaube und Hoffnung
Und Liebe gespannt.

Weit über die Meere
Die Sehnsucht sie spinnt,
Dort sitzet Maria
Und wieget ihr Kind,
Die Engel, die Hirten,
Drei König und Stern,
Und Öchslein und Eslein
Erkennen den Herrn.

Wohl über dem Monde
Und Wolken und Wind
Mit Zepter und Krone
Steht Jungfrau und Kind.
Hier unten wards Kindlein
Am Kreuz ausgespannt,
Dort oben wiegts Himmel
Und Erd auf der Hand.

Komm mit, laß uns fliegen
Zu Maria geschwind,
Komm mit! und lern biegen
Dein Knie vor dem Kind,
Komm mit! schnür dein Bündlein,
Schon führet die Hand
Maria dem Kindlein,
Es segnet das Land.

Clemens von Brentano, 1778–1842

Eine Torte aus Punsch zum Punsch

um winterlichen Punsch und allen ihm ähnlichen heißen Getränken (siehe Seite 62f.) paßt eine feine Punschtorte. Am besten backen Sie sie zwei Tage bevor sie gegessen werden soll, damit sie gut durchzieht. Als Zutaten brauchen Sie:

500 Gramm geriebene Mandeln
375 Gramm feinen Zucker
2 Eidotter und 6 Eiweiß
60 Gramm feinen Punschextrakt
Außerdem: 4 Gramm Zimt, eine Muskatnuß und die abgeriebene Schale einer Zitrone.

Die Eidotter werden mit dem Zucker, abgeriebener Zitrone, Zimt, Muskat und Mandeln eine halbe Stunde kräftig gerührt. Dann kommt der Punschextrakt und das steifgeschlagene Eiweiß von 6 Eiern dazu, alles mischen.

Aus dieser Masse werden drei gleichmäßig hohe Kuchen gebacken. Zwei davon bestreicht man dünn mit einer feinen Erdbeer- oder Aprikosenkonfitüre, dann werden alle drei aufeinandergelegt. Am nächsten Tag den Rand mit einem scharfen Messer glattschneiden, den Kuchen mit weißem Zuckerguß glasieren und mit bunten kandierten Früchten verzieren.

Bunte Kerzen

Kerzen gehören zur Advents- und Weihnachtszeit –
rote auf dem Adventskranz, goldgelbe Honigkerzen
im Leuchter oder zum Tannengesteck, weiße für den
in feierlichem Silber gehaltenen Christbaum und
bunte, wenn die Tanne mit Spielzeug und Zuckerwerk behangen ist für die Kleinen.

Ein Geschenk, das Kinder ihren Eltern leicht selbst
basteln können, ist die mit farbigem Wachs reliefar-
tig verzierte Kerze. Man wird dazu eine möglichst
dicke Kerze wählen, denn auf ihr läßt sich mehr un-
terbringen, die Arbeitsfläche ist größer. Gebraucht
wird Modellierwachs in vielen kräftigen Farben und
eventuell sogenanntes Klebewachs.

Aus dem Modellierwachs, das sich mit den (bitte
ganz sauberen!) Händen weichkneten läßt, kann man
Streifen, Gittermuster, Punkte und, je nach Ge-

schicklichkeit Tannenzweiglein oder sogar figürliche Szenen, eine Krippe, Hirten, Engel, die drei Weisen aus dem Morgenland oder einen weißbärtigen Nikolaus mit Mütze und Sack, formen. Noch weich, muß das aus dem Modellierwachs Gestaltete auf die glatte Kerze aufgedrückt werden; notfalls das Klebewachs zu Hilfe nehmen.

Am schönsten sind immer kontrastierende Farben: Ist z. B. die Kerze grün, wirkt gelbes, orangefarbenes, rotes und weißes Modellierwachs gut. Zu weißen Kerzen passen alle Farben. Auf Rot sieht grün, gelb, ocker und weiß hübsch aus, und für die goldgelben Bienenhonigkerzen ist rot und grün am wirkungsvollsten.

Vergolden

oldene Nüsse, Tannen- und Pinienzapfen, Zweige, Disteln und Gräser, Blütenstände von Doldenblüten, die im Herbst bereits verholzt sind, braucht man zum Christbaumschmücken, für die Dekoration des Gabentisches oder auch für Arrangements mit Tannengrün und langen, dünnen Kerzen.

Flüssige Gold- oder Silberbronze gibt es fertig zu kaufen. Außerdem sind weiche Pinsel in verschiedenen Größen nötig, viel, viel Pack- oder Zeitungspapier, um den Tisch und den Teppich oder Fußboden unter dem Tisch vor Spritzern abzudecken, Terpentin, mit

99

dem man die Pinsel hinterher wieder sauber macht, und natürlich das »Grundmaterial«.

Man trägt die Bronze gleichmäßig mit einem dicken Pinsel auf und tupft mit dem feineren vorsichtig in schwieriger erreichbare Stellen, etwa zwischen die vertrockneten Beerenstände von Ebereschen oder zwischen die Blättchen der Mistel.

Es ist besser, wenn man zum Vergolden Pinsel nimmt, weil es beim Hineintauchen der Zweige und Zapfen in die Bronze leicht Klumpen und Unebenheiten geben kann.

Bei Nüssen und Zapfen hat man zweckmäßigerweise schon vorher Aufhänger angebracht und hängt die fertigen nun daran zum Trocknen auf. Gräser oder Zweige stecken wir einzeln in Gläser oder Flaschen, bis sie ganz trocken geworden sind.

Im gelobten Lande

un erst leb ich ohne Fährde,
seit sich meinem Auge weist
das heilige Land und diese Erde
die man also lobt und preist.
Mein ist, was ich je erbat,
da ich schauen darf den Pfad,
welchen menschlich Gott betrat.

Schöne Lande, segensreiche,
hab ich Wandrer viel gesehn,
keines, das sich dir vergleiche:
Was sind Wunder hier geschehn!
Eine Magd ein Kind gebar
hehr von aller Engel Schar:
Ob das nicht ein Wunder war!

Walther von der Vogelweide, um 1170–1230
(Aus dem Mittelhochdeutschen von Karl Simrock)

Advent

Macht hoch die Tür, die Tor' macht weit:
Es kommt der Herr der Herrlichkeit,
Ein König aller Königreich',
Ein Heiland aller Welt zugleich,
Der Heil und Leben mit sich bringt;
Derhalben jauchzt, mit Freuden singt:
Gelobet sei mein Gott,
mein Schöpfer, reich von Rat!

Er ist gerecht, ein Helfer wert,
Sanftmütigkeit ist sein Gefährt,
Sein' Königskron' ist Heiligkeit,
Sein Zepter ist Barmherzigkeit;
All unser Not zum End' er bringt,
Derhalben jauchzt, mit Freuden singt:
Gelobet sei mein Gott,
mein Heiland groß von Tat!

O wohl dem Land, o wohl der Stadt,
So diesen König bei sich hat!
Wohl allen Herzen insgemein,
Da dieser König ziehet ein!
Er ist die rechte Freudensonn',
Bringt mit sich lauter Freud und Wonn'.
Gelobet sei mein Gott,
mein Tröster früh und spat!

Macht hoch die Tür, die Tor' macht weit,
Eu'r Herz zum Tempel zubereit't;
Die Zweiglein der Gottseligkeit
Steckt auf mit Andacht, Lust und Freud;
So kommt der König auch zu euch,
Ja Heil und Leben mit zugleich.
Gelobet sei mein Gott,
voll Rat, voll Tat, voll Gnad!

Komm, o mein Heiland, Jesu Christ,
Mein's Herzens Tür dir offen ist;
Ach zeuch mit deiner Gnaden ein,
Dein' Freundlichkeit auch uns erschein'.
Dein heil'ger Geist uns führ' und leit'
Den Weg zur ew'gen Seligkeit.
Dem Namen dein, o Herr,
sei ewig Preis und Ehr!

Georg Weißl, 1590–1635

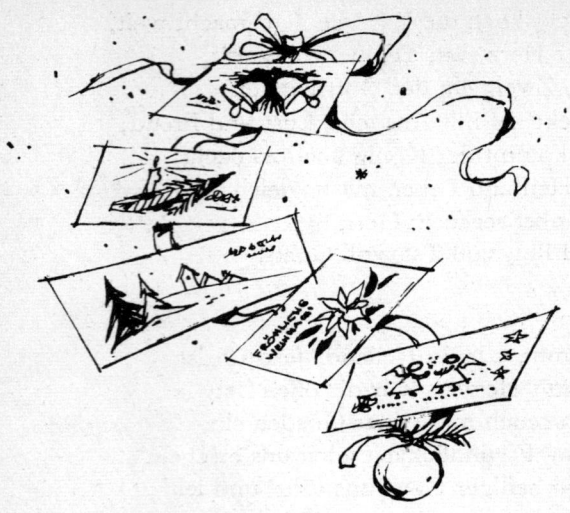

Weihnachtskarten am Band

Oft schon in der Vorweihnachtszeit, aber erst recht
kurz vor den Festtagen flattern all' die bunten, lustigen oder feierlichen Weihnachtsglückwunschkarten
ins Haus. Auch sie kann man gut als Zimmerschmuck verwenden. Sie werden auf ein breites
rotes oder goldenes Band untereinander aufgeklebt.
Die Kartenkette kann an der Tür oder am Bücher-
schrank herunterhängen. Ans Ende des Bandes
kommt eine prächtige Schleife, eine Christbaumku-
gel, der erste Stroh- oder Goldpapierstern von der
Weihnachtsbastelei, vielleicht auch ein mit Lametta
behängtes Tannenzweiglein.

Das Weihnachtsgeschenk

Von O. Henry

Ein Dollar und 87 Cents. Das war alles. Und 60
Cents davon waren lauter einzelne Ein- und Zwei-
Penny-Stücke! Penny-Stücke, die sie durch Feilschen
beim Kaufmann oder Metzger oder Gemüsehändler
erspart hatte. Dreimal zählte Della nach. 1 Dollar
und 87 Cents. Und morgen war Weihnachten!
Während Della allmählich vom ersten zum zweiten
Stadium übergeht, sehen wir uns in ihrem Heim um.
Eine möblierte Wohnung, acht Dollar die Woche.
Nicht gerade eine Bettler-Behausung, aber auch
nicht sehr weit davon entfernt.
Unten im Hausflur hing ein Briefkasten, in den kein
Brief hineinwollte, und daneben war ein Klingel-
knopf, dem kein menschlicher Zeigefinger einen
Laut abschmeicheln konnte. Dazu gehörte eine Karte, die den Namen Mr. James Dillingham Young
aufwies.
Das »Dillingham« hatte sich während einer Epoche
vorübergehenden Wohlstandes eingestellt, als sein
Besitzer 30 Dollar die Woche verdiente. Nachdem
das Einkommen auf 20 Dollar zusammenge-
schrumpft war, nahmen sich sämtliche Buchstaben
etwas kümmerlich aus, als ob sie ernstlich daran
dächten, zu einem bescheidenen, anspruchslosen
»D« zusammenzuschrumpfen. Kam aber Mr. James
Dillingham Young in seine kleine Wohnung zurück,
so wurde er »Jim« genannt und von Mrs. James
Dillingham Young, die uns bereits als »Della« be-

kannt ist, zärtlich umarmt. Und das war schließlich
die Hauptsache.

Della hörte also zu weinen auf und veredelte ihr
Äußeres mit der Puderquaste. Dann stellte sie sich
ans Fenster und starrte trübselig auf die graue Katze,
die über den grauen Zaun des grauen Hinterhofs
spazierte. Morgen war Weihnachten, und sie hatte
bloß 1,87 Dollar, um Jim ein Geschenk zu kaufen.
Seit Monaten hatte sie jeden Penny umgedreht, und
das war nun das Ergebnis! Mit 20 Dollar Gehalt
wöchentlich kann man eben keine großen Sprünge
machen. Die Ausgaben waren höher gewesen, als sie
geglaubt hatte. Das ist ja immer so. Nur 1,87 Dollar,
um Jim ein Weihnachtsgeschenk zu kaufen. Viele
Stunden hatte sie damit verbracht, sich etwas Hüb-
sches für ihn auszudenken. Etwas Schönes, Kostba-
res, Herrliches, etwas, das halbwegs der Ehre wür-
dig war, Jim gehören zu dürfen.

Zwischen den beiden Wohnzimmerfenstern hing ein
Spiegel. Jeder kann sich so einen Spiegel in einer
Acht-Dollar-Wohnung vorstellen. Ein sehr schlan-
kes und behendes Persönchen kann aus einer Auf-
einanderfolge vieler Längsansichten einen ziemlich
genauen Eindruck ihres Äußeren erhalten. Della, die
schlank war, hatte es darin zur Meisterschaft gebracht.

Plötzlich wirbelte sie herum und lief vom Fenster
zum Spiegel. Ihre Augen strahlten, aber ihr Gesicht
hatte alle Farbe verloren. Flink löste sie ihr Haar und
ließ es in seiner ganzen Länge niederfallen.

Nun besaßen die James Dillingham Youngs zweier-
lei, auf das sie mächtig stolz waren. Das eine war

Jims goldene Uhr, die vor ihm seinem Vater und seinem Großvater gehört hatte. Das andere war Dellas Haar. Hätte in der Wohnung jenseits des Lichtschachtes die Königin von Saba gewohnt, so hätte Della gewiß ihr Haar zum Trocknen aus dem Fenster hängen lassen, und zwar nur, um die Juwelen und Kostbarkeiten Ihrer Majestät in den Schatten zu stellen.

Dellas schönes Haar fiel also wellig und glänzend wie ein schimmernder brauner Wasserfall nieder. Es ging ihr bis unters Knie und war fast wie ein Gewand. Dann steckte sie es hastig und nervös wieder auf. Einen Augenblick hielt sie inne und stand bewegungslos da, während ein, zwei Tränchen auf den abgetretenen roten Teppich tropften.

Dann schnell die alte braune Jacke an, schnell den alten braunen Hut auf! Mit wehenden Röcken und immer noch blitzenden Augen flog sie aus der Tür, die Treppe hinunter und hinaus auf die Straße. Sie machte erst halt vor einem Haus mit dem Schild »Mme. Sofronie. An- und Verkauf von Haar aller Art.« Della sprang die Stufen zum ersten Stock hinauf, rang nach Luft und faßte sich. Madame erschien: pompös, kühl, weiß gepudert.

»Wollen Sie mein Haar kaufen?« fragte Della.

»Ich kauf' Haar«, sagte Madame. »Nehmen Sie ma'n Hut ab und zeigen Sie, was Sie ha'm!«

Der braune Wasserfall wallte nieder. Madame wog die Flut mit geübter Hand. »Zwanzig Dollar«, sagte sie.

»Geben Sie's her, schnell!« sagte Della.

Oh, die beiden folgenden Stunden tänzelten auf

Rosenfittichen vorüber. (Verzeihung für das zusammengewürfelte Bild!) Della durchstöberte die Läden nach einem Geschenk für Jim.

Endlich fand sie es. Bestimmt konnte so etwas nur für Jim und keinen andern sein! Nirgends hatte sie etwas Ähnliches entdeckt, und dabei hatte sie doch in allen Geschäften das Unterste zuoberst gekehrt. Es war eine kurze Platin-Uhrkette von einfacher, unauffälliger Form, deren Wert sich durch das Material verriet und nicht durch billige Verzierungen. Die Kette konnte es mit »der« Uhr aufnehmen. Sobald Della sie erblickte, wußte sie auch schon, daß Jim sie haben müsse. Sie war wie er: wertvoll und unaufdringlich. Man nahm ihr 21 Dollar dafür ab, und mit den letzten 87 Cents eilte sie heim. Mit solcher Kette konnte Jim in der besten Gesellschaft nach der Uhr sehen. Denn so herrlich die Uhr war, er hatte sie wegen des alten Lederriemens, den er an Stelle einer Kette benutzte, manchmal nur verstohlen hervorgeholt.

Als Della wieder zu Hause war, wich der Begeisterungstaumel einer vernünftigen Überlegung. Sie holte ihre Brennschere hervor und bemühte sich, die Verheerungen wiedergutzumachen, die Großherzigkeit im Verein mit Liebe angerichtet hatte. Und das ist immer eine Riesenarbeit, liebe Freunde, eine Sisyphusarbeit!

Nach einer halben Stunde war ihr Kopf mit kurzen, krausen Locken bedeckt, die sie in einen richtigen Lausbuben verwandelten. Sie musterte ihr Spiegelbild lange und genau und kritisch.

»Wenn Jim mich nicht umbringt, noch ehe er mir

einen zweiten Blick gegönnt hat, dann wird er sagen, ich sehe aus wie ein Revue-Mädchen«, dachte sie. »Aber was hätt' ich denn sonst tun können? Ach, was hätt' ich denn tun können mit 1,87 Dollar?«

Um sieben Uhr war der Kaffee fertig, und die Bratpfanne stand hinten auf dem Herd, bereit, die Koteletts aufzunehmen.

Jim war immer pünktlich. Della nahm die Kette in die Hand und setzte sich auf die Tischkante – neben der Tür, durch die er immer hereinkam. Als sie seine Schritte auf der Treppe des ersten Stockwerks hörte, wurde sie einen Augenblick kreideweiß. Sie hatte es sich angewöhnt, für die einfachsten Alltagswünsche einen kurzen, stillen Stoßseufzer zu beten, und jetzt flüsterte sie:

»Lieber Gott, mach, daß er mich noch immer hübsch findet!«

Die Tür ging auf, und Jim trat ein und zog sie hinter sich zu. Er sah mager und sehr ernst aus. Der arme Junge, er war ja erst zweiundzwanzig – und hatte schon für eine Familie zu sorgen! Er brauchte eigentlich einen neuen Wintermantel, und Handschuhe hatte er auch nicht.

Er blieb auf der Schwelle stehen – unbeweglich wie ein Hühnerhund auf der Fährte. Seine Blicke hafteten starr an Della: Ein Ausdruck stand in ihnen, den sie nicht deuten konnte und der sie erschreckte. Es war weder Ärger noch Überraschung, weder Mißbilligung noch Entsetzen, überhaupt keins von allen Gefühlen, auf die sie sich gefaßt gemacht hatte.

Della glitt vom Tisch und trat auf ihn zu.

»Jim, Liebster«, rief sie, »schau mich nicht so an!

Ich hab mir das Haar abschneiden lassen und hab's verkauft, weil ich Weihnachten ohne ein Geschenk für dich nicht ertragen hätte. Es wächst ja wieder. Du bist mir nicht böse, nicht wahr? Ich mußte es unbedingt tun. Und mein Haar wächst furchtbar schnell. Komm, Jim, sag ›Fröhliche Weihnachten!‹ und laß uns vergnügt sein! Du ahnst ja gar nicht, was für ein schönes, was für ein wunderbares schönes Geschenk ich für dich habe!«

»Dein Haar hast du abgeschnitten?« fragte Jim so mühsam, als ob er diese offenkundige Tatsache selbst nach schärfstem Nachdenken noch nicht erfaßt habe. »Abgeschnitten und verkauft«, sagte Della, »du hast mich doch deshalb genauso lieb, nicht? Ich bin doch auch ohne mein Haar ich selber, nicht wahr?«

Jim blickte sich seltsam im Zimmer um.

»Du meinst, dein Haar ist ganz fort?« fragte er mit fast idiotischer Miene.

»Brauchst es nicht zu suchen«, erwiderte Della. »Es ist verkauft, sag ich dir. Es ist verkauft und weg. Heut' ist doch Heiliger Abend, du! Sei lieb zu mir! Deinetwegen hab ich's getan. Vielleicht waren die Haare auf meinem Kopf gezählt«, fuhr sie plötzlich mit reizendem Ernst fort, »aber meine Liebe zu dir kann keiner zählen! – Soll ich jetzt die Koteletts in die Pfanne legen, Jim?«

Da schien Jim aus dem Bann zu erwachen. Er umarmte Della.

Zehn Sekunden lang wollen wir jetzt taktvoll und konzentriert irgendeinen Gegenstand in der anderen Zimmerecke betrachten. Acht Dollar die Woche oder eine Million im Jahr – besteht da ein Unterschied? Ein Mathematiker oder ein Witzbold würde uns eine verkehrte Antwort geben. Die Weisen aus dem Morgenlande brachten wertvolle Gaben – doch selbst sie hatten nichts dergleichen vorzuweisen.

Jim zog ein Päckchen aus der Manteltasche und warf es auf den Tisch.

»Sei nur unbesorgt, Della!« sagte er. »Ich kann mir nicht vorstellen, daß ich mein Frauchen wegen eines Haarschnittes oder einer Dauerwelle oder sonst etwas auch nur eine Spur weniger lieben könnte. Aber wenn du das Päckchen aufmachst, wirst du schon sehen, weshalb ich zuerst so sprachlos war.«

Weiße, flinke Finger zerrten an Papier und Bindfaden. Und dann ein begeisterter Freudenschrei – und dann – ach je! – welch typisch weibliche Wendung! – Tränen und Wehklagen.

Denn da lagen sie, die Kämme! Eine Garnitur von drei Kämmen, zwei für die Seiten und einer für den Nacken – die Della seit langem in einem Broadway-Schaufenster bewundert hatte. Wundervolle Kämme aus echtem Schildpatt mit edelsteinverzierten Rändern – genau der Farbton für ihr wunderschönes, jetzt verschwundenes Haar. Es waren teure Kämme, das wußte sie. Ihr Herz hatte sich danach gesehnt und verzehrt – ohne die kleinste Hoffnung, sie je bekommen zu können. Und jetzt gehörten sie ihr – aber die Flechten, die mit den heißbegehrten Schmuckstücken hatten geziert werden sollen, waren fort! Trotzdem drückte sie sie ans Herz, und endlich konnte sie auch unter Tränen lächelnd zu ihm aufsehen und sagen: »Mein Haar wächst ja so schnell, Jim!«

Und dann sprang Della wie ein Kätzchen hoch, das sich verbrannt hat, und rief: »Oh! Oh!«

Jim hatte sein wunderbares Geschenk noch nicht gesehen. Sie hielt's ihm eifrig auf der offenen Handfläche entgegen. Das edle, mattschimmernde Metall schien ihr feuriges, glühendes Herz widerzuspiegeln. »Ist sie nicht toll, Jim? Ich hab die ganze Stadt danach abgesucht. Jetzt mußt du hundertmal täglich deine Uhr ziehen! Gib sie mir her! Ich will sehen, wie es sich macht!«

Anstatt zu tun, was sie verlangte, warf Jim sich auf die Couch und legte lächelnd die Hände unter den Kopf.

»Dell«, sagte er, »wir wollen unsere Geschenke noch eine Zeitlang beiseite legen und verwahren. Sie sind zu schön, als daß wir sie jetzt schon benutzen könnten. Ich habe die Uhr verkauft, um mir das Geld für deine Kämme zu verschaffen. – Und wie wär's, wenn du jetzt die Koteletts aufsetzt?«

Christkind im Walde

 hristkind kam in den Winterwald,
der Schnee war weiß, der Schnee
war kalt.
Doch als das heil'ge Kind erschien,
fing's an im Winterwald zu blühn.

Christkindlein trat zum Apfelbaum,
erweckt' ihn aus dem Wintertraum.
»Schenk Äpfel süß, schenk Äpfel zart,
schenk Äpfel mir von aller Art!«

Der Apfelbaum, er rüttelt' sich,
der Apfelbaum, er schüttelt' sich,
da regnet's Äpfel ringsherum;
Christkindleins Taschen wurden schwer.

Die süßen Früchte alle nahm's,
und also zu den Menschen kam's.
Nun, holde Mäulchen, kommt, verzehrt,
was euch Christkindlein hat beschert!

Ernst von Wildenbruch, 1845–1909

 Großmutters gemütliche Weihnachtsbäckerei

ltväterisch und gemütlich, von einem Hauch von viel Zeit, viel Platz zum Aufheben und viel Muße zu gründlichem Studieren umweht – so lesen sich heute die Rezepte aus Großmutters weihnachtlicher Backstube.

Die schönsten dieser »erprobten Speisevorschriften« für kleine Bäckereien sind hier im Wortlaut eines alten Kochbuchs aus dem 19. Jahrhundert wiedergegeben; süße Herrlichkeiten, die wir in unserer modernen Sachlichkeit heutzutage nur selten noch backen, die vergessen oder auf viel weniger Zutaten reduziert worden sind.

Absichtlich sollen die altertümlichen Gewichtangaben, die umständlichen Anweisungen, die wenig gebräuchlichen Namen stehenbleiben. Für Ihr Verständnis nur dies: 10 Dka. (Dekagramm) = 100 Gramm. Also immer an die angegebene Menge hinten eine Null anhängen, dann haben Sie das genaue Grammgewicht.

SCHAUM-DÜTEN AUS BISKUITTEIG

12 Dka. Zucker treibt man mit zwei ganzen Eiern recht schaumig ab, gibt dann etwas Vanillengeschmack und 6 Dka. Mehl hinzu, verrührt es gut, bestreicht das Backblech mit Wachs, streicht die Biskuitmasse sehr dünn darauf und bäckt sie in mittelheißer Röhre lichtgelb.

Will man die Düten schöner geformt haben, so schneidet man aus schwachem Pappendeckel nebenstehenden Ausschnitt: Die ausgeschnittene Patrone wird auf das Backblech gelegt, die rohe Masse mit einem breiten Messer ganz dünn dazwischen gestrichen und hellgelb gebacken.

VORZÜGLICHE MÜRBE BREZELN

14 Dka. Butter und 14 Dka. frisches Schmalz treibt man tüchtig ab, gibt zuerst 14 Dka. fein gestoßenen Zucker, 2 Dotter, 1 ganzes Ei und 42 Dka. Mehl dazu, verarbeitet das Ganze rasch am Nudelbrett, formt kleine Brezeln daraus, bestreicht sie mit zerklopftem Ei, bestreut sie mit Grobzucker und bäckt sie in mäßig heißer Röhre lichtgelb.

ZIMT-STANGEN

Man verarbeitet auf dem Nudelbrette 21 Dka. Butter, 28 Dka. Mehl, 2 Dotter, 1 ganzes Ei, eine halbe Kaffeetasse Schmetten (Sahne) und eine Messerspitze Salz zu einem Teige und legt ihn auf ein Backblech, wo man ihn nun messerrückendick auswalzt; nun radelt man mit dem Rädchen daumenbreite und beiläufig fingerlange Streifen in den Teig, bestreicht sie mit zerlassener Butter, streut gestoßenen Zimt und Zucker vermengt dick darüber, gibt das Ganze in die heiße Röhre und läßt es goldgelb backen, worauf man die Stangen vorsichtig mit einem breiten Messer vom Bleche abnimmt.

BÄRENPRATZEN

Man röstet 28 Dka. gestoßenen Zucker, *ohne* Beigabe von Wasser, goldgelb, gibt dann 28 Dka. gebrühte, fein gehackte Mandeln hinein und läßt diese darin gelb werden. Eine Bärenpratzenform wird mit gutem Öle ausgestrichen, die obige Masse sehr dünn hineingedrückt und sobald sie ausgekühlt und fest geworden ist, vorsichtig heruntergenommen.

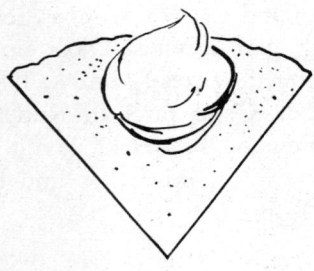

ORIENTALISCHES HONIGBROT

28 Dka. feingestoßener Zucker wird mit 4 Eiklar so lange gerührt, bis eine dicke Masse daraus wird; zu dieser fügt man langsam drei Eßlöffel kochenden Honig, etwas Vanille und 45 Stück grob gehackter Walnüsse hinzu und läßt das Ganze in einer steinernen Pfanne unter fortwährendem Rühren 5 Minuten lang kochen, bis es sich vom Gefäße löst; nachdem es ausgekühlt ist, streicht man es fingerhoch auf Oblaten, deckt es gleichfalls mit Oblaten zu, läßt es stehen, bis es ganz fest ist und schneidet dann viereckige oder längliche Schnitte daraus.

SCHWARTELN VON MANDELN

12 Dka. fein gestoßene Mandeln, 20 Dka. fein gesto-
ßener Zucker, etwas Vanille, ein kleines Eiweiß wird
am Nudelbrette zusammengeknetet, in zwei Blätter
ausgewalzt, wovon das eine mit Aprikosen- oder
Himbeereingesottenem bestrichen, das andere darauf
gelegt wird, worauf man es backen läßt; eine Glasur
von Zucker, Eiweiß und Vanille wird über die eingeschnittenen Schwarteln gestrichen.

VERZUCKERTE FRÜCHTE

Man rechnet zu 100 Stück Früchten ein halbes Kilo
feinen Zucker, gibt diesen in eine Kupferpfanne und
läßt ihn, mit einem guten Becher weichen Wassers,
auf offenem schnellen Feuer rasch kochen, ohne ihn
zu rühren. Wenn der Zucker dicke Blasen wirft,
taucht man ein Hölzchen hinein und gibt es rasch in
ein bereit stehendes kaltes Wasser. Wenn der Zucker
daran beim Zerbeißen kracht und nicht klebt, so ist
er fertig zum Überzuckern. Man taucht die vorher
schon ganz vorbereiteten Früchte, als Kastanien,
Pomeranzenspalten, Datteln, Stücke von Eingesotte-
nem oder auch frisches Obst etc. (nachdem alles auf
Hölzchen aufgespießt wurde) rasch in den Zucker
und legt sie auf ein Kupferblech oder steckt die Hölzchen in großlöcherige Siebe, jedoch so, daß eine
Frucht die andere nicht berührt. – Es müssen mehrere Hände dabei beschäftigt sein. – Überhaupt erfordert das Verzuckern der Früchte eine gewisse

Übung, und man tut gut, wenn man nur in kleiner Menge Versuche macht, ehe man eine größere Partie verzuckert. – Bei einiger Achtsamkeit werden die Früchte immer gelingen, und die kleine Mühe lohnt sich. Will man *Kastanien* verzuckern, so bratet man sie licht, schält sie und spießt sie auf Hölzchen.

Pomeranzen schält man, zieht alles Weiße von denselben ab, teilt sie sorgfältig in Spalten, ohne sie feucht werden zu lassen.
Datteln werden in Hälften geschnitten, der Kern herausgenommen, die kleine Vertiefung mit Aprikosenmus ausgestrichen und die dünne Spalte einer Mandel darauf geklebt, als Ersatz des Kernes.
Geriebene Kastanien bereitet man wie folgt: die licht gebratenen, abgeschälten Kastanien läßt man in einem Tontopf ganz überdeckt mit Milch weich kochen, seiht die Milch ab, gibt reichlich Zucker mit Vanillengeschmack hinzu, zerdrückt die Kastanien mit dem Kochlöffel und streicht sie durch ein Haarsieb. Nun formt man nußgroße Kugeln daraus, drückt sie fest zusammen, so daß keine Spalten daran

zu merken sind, spießt sie an Hölzchen und über-
zuckert sie sehr vorsichtig.

In Mengen, körbeweise, muß Großmutters Weih-
nachtsvorrat aufbewahrt worden sein: 100 Früchte!
Und diese Proben sind nur ein Bruchteil dessen, was
es an Rezepten gab. Auch die Stollen, die Striezel
(siehe S. 173 f.), wurden in der »guten alten Zeit«
dem Kilo nach gebacken. Aber wenn man bedenkt,
daß Gesinde bedacht werden mußte, Hauspersonal,
das damals noch nicht knapp war, sondern das es im
Gegenteil sehr zahlreich gab, wenigstens bei den
»besseren« Familien, daß die Familien selbst größer
waren, mit vielen Kindern, Tanten, Großeltern und
entfernten Verwandten, dann zeigt sichs, daß es sehr
rationell war, von Vielem gleich viel zu backen.

Aber wenn Sie die so liebevoll beschriebenen Back-
anweisungen von damals probieren wollen – 50
Früchte tun es auch!

Der Weihnachtskaktus

(Zygocactus truncatus)

Das aparte Gewächs, ein sogenannter »Gliederkaktus«, mit seinen bizarren, intensiv roten Blüten kommt aus Ostbrasilien zu uns. Dort wächst es auf Ästen und Stämmen der riesigen Urwaldbäume.

Bei richtiger Pflege blüht der Weihnachtskaktus immer wieder im November und Dezember. Sein Standort im Zimmer sollte nicht zu sonnig sein, sonst verfärben sich die Blattglieder (sie sind ungefähr 5 cm lang und $2\frac{1}{2}$ cm breit) rot und schrumpfen ein.

Nach der Blüte im Dezember beginnt die erste Ruheperiode. Die Glieder der Pflanze werden welk, ihr Grün wird matt. Erst nach zwei bis drei Monaten fängt der Weihnachtskaktus wieder an zu wachsen, seine Glieder füllen sich neu mit Wasser und werden straff. Während der Ruhezeit darf er nun mäßig, danach wieder regelmäßig gegossen werden.

Ende Juli bis Anfang August folgt die zweite Ruhe, doch beginnen sich bereits die Blüten zu bilden. Auch in dieser Zeit nur wenig gießen und zugleich für kühle Temperatur (ca. 15 Grad Celsius) sorgen. Ab Ende September wieder regelmäßig, aber nicht zuviel Wasser geben.

Etwa alle zwei Jahre muß der Weihnachtskaktus umgetopft werden, der Topf soll nicht zu groß sein. Eine Erdmischung aus Mistbeet- und Lauberde mit etwas Lehm, Torfmull und Sand bekommt ihm am besten.

Wenn er einmal Knospen angesetzt hat, ist es sehr wichtig, daß er keinen Temperatur- und Feuchtigkeitsschwankungen ausgesetzt und vor allem in seiner Stellung nicht mehr verändert wird. Wenn man ihn vom Licht wegdreht, fallen die Blütenansätze ab.

Weihnachtsbesuch bei der Vergänglichkeit

ein Vater hatte uns häufig von seiner alten lettischen Kinderfrau Lisbeth erzählt, und ihre Lieder, ihre Aussprüche und Redensarten waren gänzlich in unser eigenes Kinderleben übergegangen, etwa: »Läßt ihr sich nur kämmen, Kinder, sonst werden die Läuse euch im Walde forttragen«, oder: »Lisbeth weiß alles. Eine weiße Rabe kommt in die Küche geflogen und zählt Lisbeth alles, was Kinders machen«, oder die Sentenz: »Wär lügt, där stiehlt, un wär stiehlt, där wird jehungen.«

Wir hatten die alte Lisbeth nie gesehen, aber sie
war uns ein ähnlich geheimnisvoll vertrautes Stück
Wirklichkeit wie der Kaiser, der lange verstorbene
Großvater, das »bucklicht Männlein« oder der arme
Reinhold.

Am Weihnachtsnachmittag erklärte mein Vater
meinen Brüdern und mir, auf dem Wege zur Kirche
sollten wir ihn zu Lisbeth begleiten. Ich kann nicht
schildern, in welchen Gefühlen der Erwartung ich
mit Vater und Brüdern die ausgetretene, finstere
Treppe emporstieg. Lisbeth würde ein tausendbun-
tes Zuckerwerk von Späßen und drolligen Aussprü-
chen aufglitzern lassen, sie würde von der »weißen
Rabe« erzählen, würde meinem Vater um den Hals
fallen und »Paulchen, alter Windhundchen« zu ihm
sagen und mit ihm und uns singen: »Tudolin – Tag-
gadin!« (Zu deutsch etwa: »Quitschequack-Dudel-
sack.«)

Wir fanden ein ärmliches, übermäßig geheiztes und
übermäßig ungelüftetes Zimmer. Ein schirmloses
Küchenlämpchen blakte neben der Tür. Ein winziges Wesen, in Decken gewickelt, hockte im Halb-
dunkel neben dem Ofen. Es gab uns der Reihe nach
die Hand und ließ sich unsere Namen sagen. Ich
starrte Lisbeth an und wartete klopfenden Herzens
auf all das Bunte, Lustige, Zutrauliche und Herzens-
warme, das aus der Anfangsscheu dieser Begrüßung
aufsprühen mußte. Ein ältliches Mädchen kam dazu,
Lisbeths Nichte, mit der sie lebte, und machte sich
geschäftsmäßig an das Auspacken unseres Weih-
nachtspakets. Mein Vater fragte herzlich nach Lisbeths Gesundheit.

»Wie soll jehen?« antwortete sie. »Altes Mensch hat
Stiche, Stiche von Kopf bis Fieße.« Dann fragte sie
ausdruckslos: »Un wie jetht alte Gnefrau gute?«
Mein Vater berichtete, und ich begriff, daß unter
»alte Gnefrau gute« meine Großmutter zu verstehen
war.

Hausmärchen

Eine unerklärliche Beklommenheit hatte von mir
Besitz genommen. Meine Brüder schwiegen und
sahen gleichgültig der auspackenden Nichte zu.
Mein Vater aber plauderte nach seiner Art unbefangen und aufgeräumt. Ja, bemerkte er denn gar nicht,
was hier geschah? Ich war in dem Alter, welches
noch das Unmögliche zu versuchen liebt und dem
Schicksal Gewalt antun zu können meint. Ich faßte
mir ein Herz und sagte schluckend: »Bitte singen Sie
doch Tudolin-Taggadin.« – »Wo wär ich denn singen?« erwiderte sie hart. »Altes Mensch hätt' Schan-
de, zu singen.«
Mein Vater sah nach der Uhr und sagte, wir müßten
jetzt zur Kirche. Wieder gaben wir der Alten die
Hand, wieder klingelte der Schlitten über den knir-
schenden Schnee. Mich hielt eine rätselhafte Tod-
traurigkeit umklammert – im Schlitten, in der Kirche, auf dem Heimwege, ja selbst noch zu Hause –,
bis endlich die Tür zum Weihnachtszimmer sich
öffnete und vor meinem Tischchen unter dem Lichterbaum die langen braunhölzernen Schneeschuhe
standen.

Werner Bergengruen

Der Rumtopf

um Jahresende und erst recht in der Adventszeit ist man gerade in der richtigen Stimmung, den das ganze Jahr über sorgsam ergänzten und gepflegten Rumtopf zu schlachten. Denn er paßt nicht nur gut zu Süßspeisen und Desserts, die rumgetränkten Beeren und Früchte schmekken vor allem delikat zu Stollen, Ausstecherle, Pfefferkuchen und trockenem Teekuchen.

Wenn die ersten Beeren reifen, also im Frühsommer, wird der Rumtopf angesetzt. Am besten in einem halbhohen Steinguttopf oder in einem halbhohen Glasgefäß mit gewölbtem Rand, damit der Topf fest zugebunden werden kann. Das Gefäß sollte nicht weniger als ein Liter, jedoch auch nicht mehr als drei Liter fassen. So ganz wörtlich muß »Rum« nicht genommen werden, auch Weinbrand oder Kognak eignen sich zum Ansetzen, allerdings sollten sie möglichst 40prozentig sein.

Die ersten Früchte, die in den Rumtopf wandern, werden Erdbeeren sein, sauber, trocken und vom Blütenkelch befreit. 250 Gramm Zucker mit ¼ Liter Alkohol verrühren und über die Früchte gießen. Es folgen dann Johannisbeeren. Nach dem Waschen mit einer Gabel von der Rispe abstreifen, Stachelbeeren von Blüte und Stiel befreien, Himbeeren müssen tadellos trocken sein, alle zerdrückten Beeren aussortieren. Von Kirschen den Stiel nicht abzupfen, sondern nur ganz kurz verschneiden, weil sonst der Saft ausläuft. Aprikosen, Pfirsiche, Pflaumen brühen, abziehen, halbieren und entkernen. Von Äpfeln und Birnen werden nur ganz zarte Sorten verwendet. Die Früchte schälen, in Viertel oder Achtel teilen, sie werden dann, vom Kernhaus befreit, in dünne Scheiben geschnitten. Hartes Obst muß erst in einer Zukkerlösung halb gar gedünstet werden, bevor es in den Rumtopf kommt. Frische Walnüsse, von Schale und Haut befreit, verfeinern den Geschmack sehr. Obst und Zucker immer zu gleichen Teilen nachfüllen. Ist 1 Kilo Frucht eingelegt, wird $^1/_6$ Liter möglichst 90prozentiger Alkohol nachgefüllt. Der hochprozentige Alkohol ist für eine bessere Haltbarkeit zu empfehlen. Zuerst ist jedoch der 40prozentige zu nehmen, da durch den stärkeren Alkohol die Früchte bei großem Wasserentzug hart würden. Nachher hat sich jedoch genügend Saft gebildet, so daß diese Gefahr dann nicht mehr besteht. Auf jeden Fall müssen die Früchte stets von der Flüssigkeit bedeckt sein.

Weihnachtslied

Vom Himmel in die tiefsten Klüfte
ein milder Stern herniederlacht;
Vom Tannenwalde steigen Düfte
und hauchen durch die Winterlüfte
und kerzenhelle wird die Nacht.

Mir ist das Herz so froh erschrocken,
das ist die liebe Weihnachtszeit!
Ich höre fernher Kirchenglocken
mich lieblich heimatlich verlocken
in märchenstille Herrlichkeit.

Ein frommer Zauber hält mich wieder,
anbetend, staunend muß ich stehn;
es sinkt auf meine Augenlider
ein goldner Kindertraum hernieder,
ich fühl's, ein Wunder ist geschehn.

Theodor Storm, 1817–1888

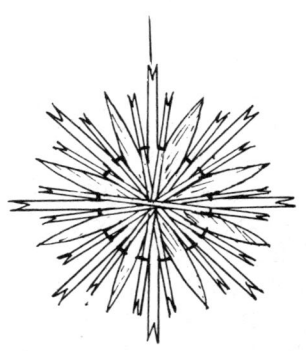

Gespickte Orange

Eine besonders schön gewachsene mittelgroße
Apfelsine wird leicht abgerieben und ringsherum
dicht mit Gewürznelken besteckt (Löcher mit ange-
spitztem Streichholz vorbohren). In einem Netz aus
dünner, glänzender Goldschnur aufgehängt ist sie
ein dekorativer und zudem wohlduftender Advents-
oder Weihnachtsschmuck, vor allem, wenn sie
trocknet und schrumpft.

Die Sache hat aber zugleich noch eine nützliche
Seite: Wenn man statt Goldfaden ein koch.festes
Garn benutzt, kann man die Nelkenorange in
Punsch, Glühwein, Tee oder Grog hängen, und die
Getränke nehmen Aroma an. – In den Kleider-
schrank gehängt, gibt die gespickte Orange feinen
Duft und vertreibt zugleich Motten.

Alle Jahre wieder

Weise: Friedrich Silcher

Al - le Jah - re wie - der kommt das Chri - stus - kind
auf die Er - de nie - der, wo wir Men-schen sind.

Kehrt mit seinem Segen
ein in jedes Haus,
geht auf allen Wegen
mit uns ein und aus.

Ist auch mir zur Seite
still und unerkannt,
daß es treu mich leite
an der lieben Hand.

Wilhelm Hey, 1790-1854

Fröhlich soll
mein Herze springen

Fröhlich soll mein Herze springen
dieser Zeit, da vor Freud alle Engel singen.
Hört, hört, wie mit vollen Choren
alle Luft laute ruft:
Christus ist geboren!

Heute geht aus seiner Kammer
Gottes Held, der die Welt reißt aus allem Jammer.
Gott wird Mensch dir, Mensch, zu gute,
Gottes Kind das verbindt sich mit unserem Blute.

Nun er liegt in seiner Krippen,
ruft zu sich mich und dich,
spricht mit süßen Lippen:
Lasset fahrn, o liebe Brüder,
was euch quält, was euch fehlt;
Ich bring alles wieder.

Ei, so kommt und laßt uns laufen,
stellt euch ein, groß und klein,
eilt mit großen Haufen!
Liebt den, der vor Liebe brennet;
Schaut den Stern, der euch gern Licht und Labsal
    gönnet.

Die ihr schwebt in großen Leiden,
sehet, hier ist die Tür zu den wahren Freuden;
Faßt ihn wohl, er wird euch führen
an den Ort, da hinfort euch kein Kreuz wird rühren.

Süßes Heil, laß dich umfangen,
laß mich dir, meine Zier, unverrückt anhangen.
Du bist meines Lebens Leben;
Nun kann ich mich durch dich wohl zufrieden geben.

Ich will dich mit Fleiß bewahren;
Ich will dir leben hier,
dir will ich abfahren;
Mit dir will ich endlich schweben,
voller Freud, ohne Zeit dort im andern leben.

Paul Gerhardt, 1607–1676

Der Heilige Christ

 nsere Kirche feiert verschiedene Feste,
welche zum Herzen dringen. Man
kann sich kaum etwas Lieblicheres denken als Pfing-
sten und kaum etwas Ernsteres und Heiligeres als
Ostern. Das Traurige und Schwermütige der Kar-
woche und darauf das Feierliche des Sonntags begleiten uns durch das Leben. Eines der schönsten
Feste feiert die Kirche fast mitten im Winter, wo beinahe die längsten Nächte und kürzesten Tage sind,
wo die Sonne am schiefsten gegen unsere Gefilde
steht und Schnee alle Fluren deckt: das Fest der
Weihnacht. Wie in vielen Ländern der Tag vor dem
Geburtsfeste des Herrn der Christabend heißt, so
heißt er bei uns der Heilige Abend, der darauffol-
gende Tag der Heilige Tag und die dazwischenlie-

gende Nacht die Weihnacht. Die katholische Kirche begeht den Christtag als den Tag der Geburt des Heilandes mit ihrer allergrößten kirchlichen Feier, in den meisten Gegenden wird schon die Mitternachtsstunde als die Geburtsstunde des Herrn mit prangender Nachtfeier geheiligt, zu der die Glocken durch die stille, finstere, winterliche Mitternachtsluft laden, zu der die Bewohner mit Lichtern oder auf dunklen, wohlbekannten Pfaden aus schneeigen Bergen an bereiften Wäldern vorbei und durch knarrende Obstgärten zu der Kirche eilen, aus der die feierlichen Töne kommen und die aus der Mitte des in beeiste Bäume gehüllten Dorfes mit den langen beleuchteten Fenstern emporragt.

Mit dem Kirchenfeste ist auch ein häusliches verbunden. Es hat sich fast in allen christlichen Ländern verbreitet, daß man den Kindern die Ankunft des Christkindleins – auch eines Kindes, des wunderbarsten, das je auf der Welt war – als ein heiteres, glänzendes feierliches Ding zeigt, das durch das ganze Leben fortwirkt und manchmal noch spät im Alter bei trüben, schwermütigen oder rührenden Erinnerungen gleichsam als Rückblick in die einstige Zeit mit den bunten schimmernden Fittichen durch den öden, traurigen und ausgeleerten Nachthimmel fliegt. Man pflegt den Kindern die Geschenke zu geben, die das heilige Christkindlein gebracht hat, um ihnen Freude zu machen. Das tut man gewöhnlich am Heiligen Abend, wenn die tiefe Dämmerung eingetreten ist. Man zündet Lichter, und meistens sehr viele, an, die oft mit den kleinen Kerzlein auf den schönen grünen Ästen eines Tannen- oder Fich-

tenbäumchens schweben, das mitten in der Stube
steht. Die Kinder dürfen nicht eher kommen, als bis
das Zeichen gegeben wird, daß der Heilige Christ
zugegen gewesen ist und die Geschenke, die er mitgebracht, hinterlassen hat. Dann geht die Tür auf, die

Kleinen dürfen hinein, und bei dem herrlichen schimmernden Lichterglanze sehen sie Dinge auf dem Baume hängen oder auf dem Tische herumgebreitet, die alle Vorstellungen ihrer Einbildungskraft weit übertreffen, die sie sich nicht anzurühren getrauen und die sie endlich, wenn sie sie bekommen haben, den ganzen Abend in ihren Ärmchen herumtragen und mit sich in das Bett nehmen. Wenn sie dann zuweilen in ihre Träume hinein die Glockentöne der Mitternacht hören, durch welche die Großen in die Kirche zur Andacht gerufen werden, dann mag es ihnen sein, als zögen jetzt die Englein durch den Himmel oder als kehre der Heilige Christ nach Hause, welcher nunmehr bei allen Kindern gewesen ist und jedem von ihnen ein herrliches Geschenk hinterbracht hat.

Wenn dann der folgende Tag, der Christtag, kommt, so ist er ihnen so feierlich, wenn sie frühmorgens, mit ihren schönsten Kleidern angetan, in der warmen Stube stehen, wenn der Vater und die Mutter sich zum Kirchgange schmücken, wenn zu Mittag ein feierliches Mahl ist, ein besseres als in jedem Tag des ganzen Jahres, und wenn nachmittags oder gegen den Abend hin Freunde und Bekannte kommen, auf den Stühlen und Bänken herumsitzen, miteinander reden und behaglich durch die Fenster in die Wintergegend hinausschauen können, wo entweder die langsamen Flocken niederfallen oder ein trübender Nebel um die Berge steht oder die blutrote, kalte Sonne hinabsinkt.

An verschiedenen Stellen der Stube, entweder auf einem Stühlchen oder auf der Bank oder auf dem

Fensterbrettchen, liegen die zauberischen, nun aber schon bekannteren und vertrauteren Geschenke von gestern abend herum. Hierauf vergeht der lange Winter, es kommt der Frühling und der unendlich dauernde Sommer – und wenn die Mutter wieder vom Heiligen Christe erzählt, daß nun bald sein Festtag sein wird und daß er auch diesmal herabkommen werde, ist es den Kindern, als sei seit seinem letzten Erscheinen eine ewige Zeit vergangen und als liege die damalige Freude in einer weiten nebelgrauen Ferne.

Weil dieses Fest so lange nachhält, weil sein Abglanz so hoch in das Alter hinaufreicht, so stehen wir so gerne dabei, wenn Kinder dasselbe begehen und sich darüber freuen.

Aus »Bergkristall« von Adalbert Stifter, 1805–1868

Der rote Christbaum mit Strohsternen

Manche mögen's bunt. Mit Spielzeug und Glaskugeln, Lametta, farbigem Zuckerzeug und gelben, roten und blauen Kerzen. Andere wieder lieben den stilisierten Baum ganz in Silber und Weiß. Für all das gibt es auf Seite 254ff. Vorschläge. Hier geht es um den aus ganz einfachen »Zutaten« selbstgebastelten Weihnachtsbaum, dessen Schmuck nur aus roten Papierketten und -ringen, Strohsternen, roten Schleifen

und Rosetten aus mattem Seidenpapier, vergoldeten
Nüssen und rotbackigen Äpfelchen besteht.
Die Kerzen können entweder ebenfalls rot oder aus
duftendem goldgelbem Bienenwachs sein.
An Material zum Basteln brauchen Sie Strohtrink-
halme, rote Metallfolie oder rotes Seidenpapier, rote
und gelbe Nähseide, ein Bügeleisen, Leimtopf oder
Alleskleber und eine scharfe Schere.

EINE ROTE RINGELKETTE

Die Folie wird gleichmäßig in etwa zwei cm breite
und neun cm lange Streifen zerschnitten (vorher mit
dem Lineal aufzeichnen!) und doppelt genommen.
Je nachdem, wie fein- oder grobgliedrig die Kette
sein soll, lassen sich die Maße natürlich variieren. So
kann man etwa für die unteren, breiteren Äste des
Christbaums eine längere, gröbere Kette machen,
nach oben hin, der Spitze zu, wird sie dann immer
feiner und kürzer. Das richtet sich ganz nach Wuchs
und Höhe Ihres Baumes. Aus dem ersten Streifen
klebt man nun einen geschlossenen Ring, zieht durch
diesen den zweiten Streifen, klebt ihn zum Ring zusammen, führt durch ihn den dritten Streifen usw.
Nach demselben Prinzip läßt sich auch mit Stroh
arbeiten.

DIE STROHHALMKETTE

Strohhalme werden einen Tag lang in kaltes oder
eine halbe Stunde in warmes Wasser gelegt und so
geschmeidig gemacht, damit sie beim Arbeiten nicht
brechen.
Dann schlitzt man die Halme mit einer Nadel der
Länge nach auf und klappt sie auseinander. Mit nicht
zu heißem Bügeleisen glattbügeln. Dabei kann man,
je nachdem, wie lange gebügelt wird, die Farbe des
Strohs in verschiedenen Dunkelgelb- bis Brauntönen
gewinnen.

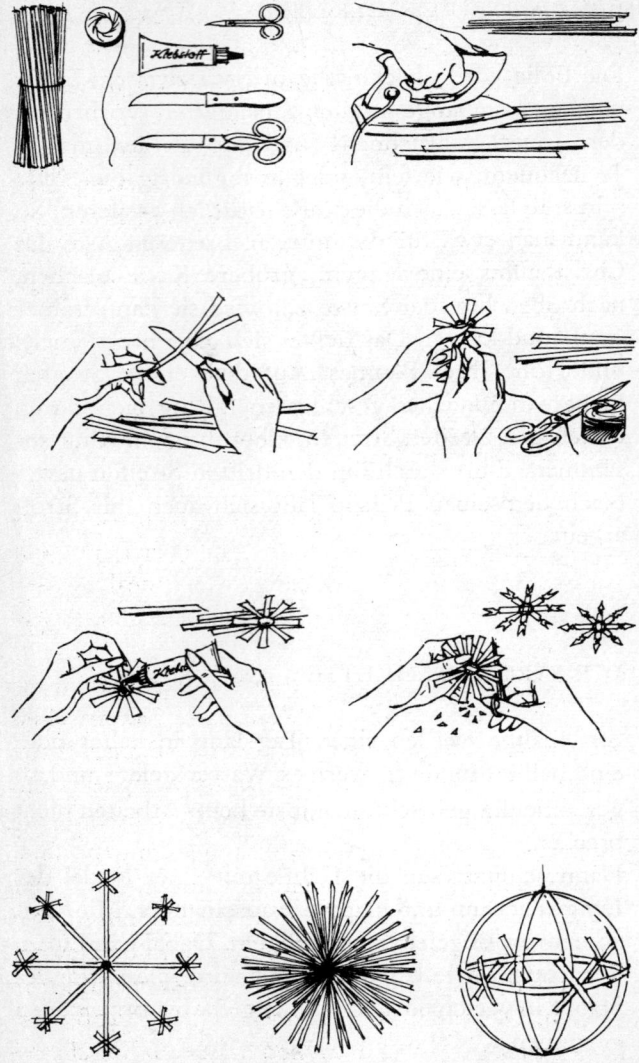

Strohkugeln gewinnt man, indem man konzentrisch kleiner werdende Strohstreifen ineinanderschachtelt. Die Außenringe dieses Strohballs kann man wieder mit kleinen Strohsternen besetzen.

Auch lassen sich die Strohringe der Ringelkette durch viele aneinandergesetzte Sterne ersetzen. Aus den Skizzen auf der vorhergehenden und übernächsten Seite finden Sie noch viele mehr oder weniger schwierige Modelle, die für Ihren Strohstern-Weihnachtsbaum Anregung geben sollen.

STROHSTERNE

Wer eine ruhige Hand hat und schon ein wenig geübt ist, schneidet die Halme in beliebiger Länge mit der Schere zu, sonst ist es besser, ein Lineal zu nehmen und zum Schneiden eine scharfe, halbierte Rasierklinge zu benutzen.

Für den ganz einfachen Strohstern legt man sechs oder acht gleichlange, gleichbreite Strohstreifen kreuzweise übereinander und klebt sie im Mittelpunkt zusammen. Dann wird die Mitte mit rotem oder gelbem Garn umflochten. Die Fadenenden verknoten, ein Fadenende als Aufhänger hängenlassen. Die Enden der Strohhalme werden nun mit der Schere in Zacken, Pfeilform usw. geschnitten. Bei sehr großen Sternen kann man an die Enden jeweils einen winzigkleinen Stern in gleicher Grundform kleben. Die Strohsterne können beliebig groß gearbeitet werden, jedoch kommen bei einem Durchmesser von sechs bis zwölf cm Formen und Material besonders gut zur Geltung.

Der hier beschriebene Strohstern ist sozusagen der »Grundschnitt«, die einfachste Art.

Zum Beispiel können Sie auf die Spitze Ihres Strohstern-Baumes einen runden Igelstern setzen. Im Mittelpunkt des Sternes werden so viele Strohhalme wie irgend möglich gebunden, und zwar nach allen Richtungen hin.

Auch Strohkörbchen, gefüllt mit buntem Konfekt, passen zu diesem Weihnachtsbaum.

Oder man kann die Grundform abwandeln, indem man abwechselnd sehr starke und sehr feine Strohhalme zusammenbindet; oder auch verschiedenlange; oder mit dem Bügeleisen verschieden getönte.

NUN DIE NUSSKETTE

Walnüsse in beliebiger Menge werden vorsichtig geknackt, die Schalenhälften müssen ganz bleiben. Wir vergolden sie mit Bronze (siehe Seite 99 f.). Kern und Nußhaut werden zuvor sorgfältig entfernt. Dann legen wir ein entsprechend breites Gold- oder Seidenband zwischen die Nußschalen und kleben diese wieder zusammen.

Die fertigen Ketten kann man entweder waagerecht von Ast zu Ast spannen oder, was sehr dekorativ aussieht, senkrecht unmittelbar am Stamm herunterhängen lassen. Auch sehen solche vergoldeten Nußketten schön im dunklen Tannengrün aus, das man zu Füßen des Christbaums ausbreitet.

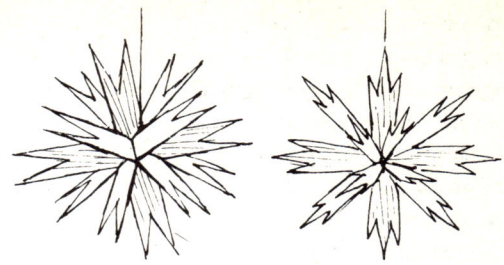

DIE SEIDENPAPIER-ROSETTEN

Rotes Seidenpapier wird in ungefähr drei oder vier cm breite Streifen geschnitten, doppelt gefaßt und gerüscht. Vergoldete Walnüsse wie beschrieben behandeln, die Papierrüsche ringsum zwischen die Schalen klemmen, zusammenkleben. In Längsrich-

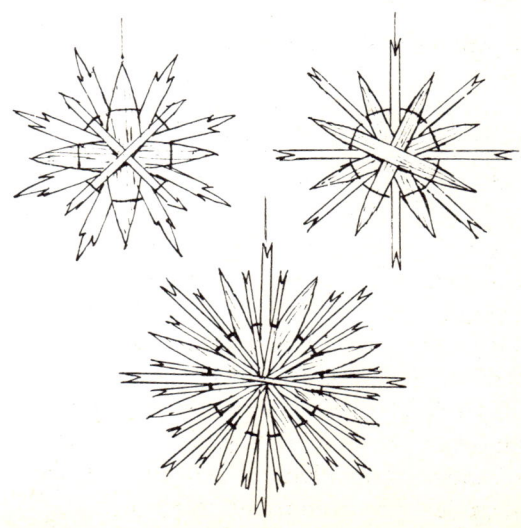

tung der Nuß läßt man einen feinen Seidenfaden mit-
laufen, der überhängt. Mit ihm binden Sie die Rosetten unmittelbar in die Astgabeln des Christbaums
fest.

Man kann die Rüschen auch aus glänzender Metallfolie machen. Dazu braucht es keine Nuß in der
Mitte, denn das Material ist so steif, daß die Falten
auch so halten. Allenfalls in der Mitte mit einigen
Stichen zusammenheften.

Die Schleifen setzen Sie gleichfalls in die Astgabeln
und binden sie zu dekorativen Doppelschleifen. Haben Sie Seidenpapierrosetten gewählt, passen dazu
am besten matte Seidenschleifen. Zur glänzenden
Metallfolie nimmt man ebenfalls glänzende Kunst-
seidenbänder.

Statt des großen Strohsterns kann auch von der
Baumspitze herab ein großes, breites rotes oder goldenes Band herabhängen. Seine Enden werden an
den äußersten Spitzen der Astgabel, an der sie enden,
festgesteckt. In diesem Fall: Vorsicht mit den Kerzen.
Die Äpfelchen schließlich sollten klein und glänzend
sein. Vor dem Aufhängen reiben Sie sie mit einem
Wolltuch kräftig von allen Seiten.

DIE TÜRGIRLANDE

Zum rot-gelben Weihnachtsbaum, zum Weihnachtszimmer überhaupt, paßt eine bunte und dekorative
Umrahmung. In Höhe und Breite des Türrahmens
binden wir eine flache, breite Tannengirlande, und
zwar werden die Zweigspitzen dabei nach außen ge-

fächert, so daß eine Art Mittelnaht entsteht. In die Mitte setzt man einen dichten Besatz aus künstlichen gelben Birnen, ebenfalls künstlichen roten Vogelbeeren, versilberten Walnüssen und vergoldeten und naturbraunen Zapfen. Das ganze Gebinde muß in sich sehr fest gebunden werden (am besten mit einem feinen grünen Blumendraht), denn es soll mit sowenig als möglich dünnen Nägeln am Rahmen befestigt werden und längs mehr herabhängen als genagelt sein.

Apfelmännlein — Pflaumenmännlein

pfelmännlein lassen sich verhältnismäßig einfach machen, auch kleinere Kinder schaffen es. Pflaumenmann oder Pflaumenmadam dagegen sind schwieriger.

Auf einen schönen, glänzendgeriebenen roten Apfel kleben wir genau in den Blütenansatz eine Walnuß als Kopf. Aus bunter Metallfolie, die entsprechend der Größe der Nuß tütenförmig zusammengedreht wird (die Grundform ist eine mit Zirkel oder Schablone gezeichnete kreisrunde Scheibe), entsteht ein kecker spitzer Hut. Nun wird der Nuß mit Wasserfarbe und feinem Pinsel ein Gesicht aufgemalt, und aus einem Wattebausch entsteht der Bart. Auch kann

das Apfelmännlein um den Hutrand einen weißen Haarkranz tragen.

Der lustige kleine Mann darf auch nützlich verwendet werden: Er schmückt und belebt den Weihnachtsteller oder Nikolaus' Schuh. Und bei der festlichen, weihnachtlich gedeckten Tafel hält er die Tischkarte. Um den Hut wird vorsichtig ein buntes Band gelegt oder geklebt, am Ende dieses Bandes hängt die Tischkarte des Gastes.

Zwetschgenmanndl, Pflaumenmännlein – sie heißen in verschiedenen Gegenden verschieden, sind aber auf allen Weihnachts- und Christkindlmärkten als Hauptattraktion der Süßigkeitsbuden zu finden: alte Weiblein mit Kopftuch, Schürze und Korb, Kaminfeger, Holzhackerbuam, Reisigmütterchen, Nikolause, aber auch Hexen, Teufel, Skifahrer und Trachtenfiguren. Man kann sie ganz nach Lust und Liebe anziehen, das Schema, nach dem man sie macht, bleibt immer gleich; und es ist ganz einfach. Auch Kinder können es.

Die »Zutaten« sind: Draht, Bindfaden, Feigen, gedörrte Pflaumen, Erdnüsse in der Schale, ein kleines Brett, Leim, eine Schere, Wasserfarben und Walnüsse.

Aus dem Draht, der biegsam, aber doch kräftig sein muß, wird in Form eines römischen Kreuzes das Gestell gebogen und gebunden. Auf den Hals kommt eine Walnuß als Kopf, der Gesicht, Haar, Hut, Kopftuch oder was auch immer das Manndl darstellen soll, aufgeklebt oder -gemalt wird. Für die Arme braucht man zwei längsgespießte Dörrpflaumen, der Leib besteht aus Feigen, für jedes Bein werden wie für die Arme wieder Pflaumen verwendet. Als Hände nimmt man Rosinen, als Füße Erdnüsse.

Damit das Pflaumenmännlein stehen kann, nagelt oder klebt man es mit den Füßen auf ein festes kleines Brett oder einen Holzblock.

Vorweihnachtliche Zeit

Acht Tage vor dem Fest pflegte sich der Dresdener Altmarkt mit einem ganzen Gewimmel höchst interessanter Buden zu bedecken, die abends erleuchtet waren und große Augenlust gewährten. Das Glitzern der mit Rauschgold, mit bunten Papierschnitzeln und goldenen Früchten dekorierten Weihnachtsbäume, die hellerleuchteten kleinen Krippen mit dem Christkinde, die gespenstischen Knechte Ruprechts, die Schornsteinfeger von gebackenen Pflaumen, die eigentümlich weihnachtlichen Wachsstockpyramiden in allen Größen, endlich das Gewühl der Käufer und höfliche Locken der Verkäufer, das alles regte festlich auf. Hier drängten auch wir uns des Abends gar zu gern umher, schwelgend in dem ahnungsreichen Dufte der Tannen, der Wachsstöcke, Pfefferkuchen und Striezeln, die in einer den Wickelkindern entlehnten Gestalt, reichlich mit Zucker bestreut, vor allen zahlreichen Bäckerbuden auslagen und Löwenappetit erregten. Nach genauester Prüfung alles Vorhandenen kauften wir dann einige kleine grüne oder rote Wachsstockpyramiden, auf Kartenblätter gewickelt, das Stück zu einem Pfennig, sogenannte Pfefferkuchenzungen zu demselben Preis oder ein paar Bogen bunten Papiers, um unsere Privatbescherung damit auszustatten.

Inzwischen konnten wir in unserm Eifer den vom Kalender angegebenen Zeitpunkt nie ganz erwarten und fingen schon an vorhergehenden Abenden an, in Alkoven oder anderen verdachtlosen Winkeln unseren Kram geschmacklos aufzustellen, zündeten einige Wachsstockschnittchen dabei an und überraschten uns dann gegenseitig unaufhörlich, bis der wahre Heilige Abend herankam und uns alle überraschte.

Wilhelm von Kügelgen, 1802–1867

Wißt ihr noch, wie es geschehen?

Wißt ihr noch, wie es geschehen?
Immer werden wir's erzählen:
Wie wir einst den Stern gesehen
mitten in der dunklen Nacht.

Stille war es um die Herde.
Und auf einmal war ein Leuchten
und ein Singen ob der Erde,
daß das Kind geboren sei!

Eilte jeder, daß er's sähe
arm in einer Krippen liegen.
Und wir fühlten Gottes Nähe.
Und wir beteten es an.

Könige aus Morgenlanden
kamen reich und hoch geritten,
daß sie auch das Kindlein fanden.
Und sie beteten es an.

Und es sang aus Himmelshallen:
Ehr sei Gott! Auf Erden Frieden!
Allen Menschen Wohlgefallen,
welche guten Willens sind!

Immer werden wir's erzählen,
wie das Wunder einst geschehen
und wie wir den Stern gesehen
mitten in der dunklen Nacht.

Hermann Claudius, 1878–1956

Wird Christus tausendmal
zu Bethlehem geboren
Und nicht in dir;
du bleibst noch ewiglich verloren.

Angelus Silesius

Der Flitterbaum

Den glänzenden Flitterbaum schmücken wir ganz mit Sternen, Kugeln, Rosetten und Ketten sowie Goldengeln aus Metallfolie. Sie ist biegsam, es gibt sie in vielen Farben und sogar in zweifarbigen Kombinationen. Nur müssen wir darauf achten, daß ein Flitterbaum nicht zu bunt wird. Beschränken Sie sich möglichst auf zwei Farben. Hübsche Zusammenstellungen sind: Gold/Silber, Grün/Gold, Grün/Silber oder Blau/Silber. Lustig wirkt Rot und Gold zusammen. Und – wenn Flitter, dann nicht auch noch Lametta. Anders ist es natürlich, wenn Sie auf einen kunterbunten Baum mit Spielzeug und Kringeln noch zusätzlich den einen oder anderen Flitter hängen wollen.

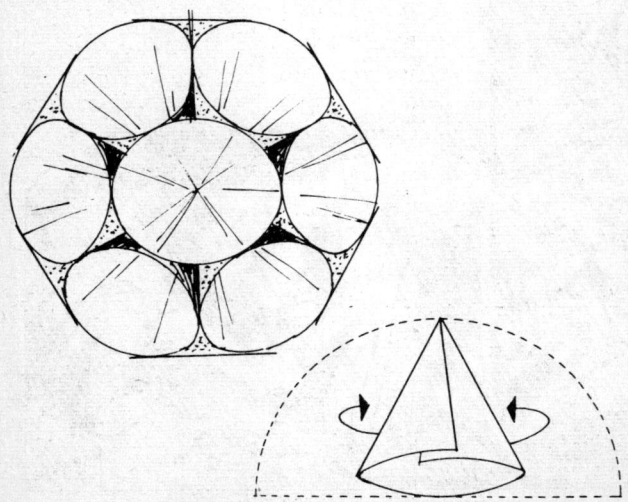

DER FLITTERBALL

Ziehen Sie mit dem Zirkel (oder einer umgestülpten Tasse) einen exakten Kreis auf die Folie; er wird ausgeschnitten und halbiert, aus den Halbkreisen, die für einen Ball alle genau gleich groß sein müssen, drehen Sie eine Tüte und verkleben sie am Rand mit wenig Alleskleber. Wenn genügend Tüten fertig sind, kleben Sie sie mit den Seitenwänden so aneinander, daß alle Spitzen nach innen, die runden Öffnungen nach außen zeigen. Dadurch entsteht von selbst eine bunte, glänzende Kugel.

DER FLITTERSTERN

Diesmal schneiden wir aus der Folie ein Quadrat. Dieses wiederum wird nach der Mitte zu in vier Teilquadrate eingeschnitten. Ihre diagonal gegenüberliegenden Ecken werden jeweils gleichmäßig eingerollt. Von dieser Grundform machen Sie viele in verschiedenen Größen, aber immer in einer Größe paarweise. Sie werden nun über Eck versetzt und nach innen kleiner werdend, zu einem aparten Doppelstern zusammengeklebt.

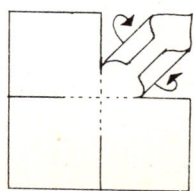

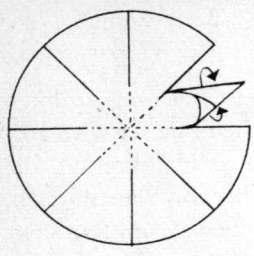 

DER FLITTER»IGEL«

Er ist am schwierigsten zu machen, man braucht ein
sehr feines Fingerspitzengefühl, obwohl das Schema
recht einfach ist. Die Grundform besteht wieder aus
einem Kreis, der wie eine Torte nach der Mitte zu in
acht gleichmäßige Stücke eingeschnitten wird. Mit
einem Bleistift werden die Ecken jeweils eingerollt
zu spitzen Stacheln. Die Folienscheiben, die in diesem Fall alle denselben Durchmesser haben müssen,
klebt man nun versetzt ineinander, wobei sich die
Stacheln nach innen zu von selbst aufrichten und
einen Ball bilden.

Zu diesen drei etwas ausgefallenen Formen hängen
wir auf unseren Flitterbaum Rauschgoldengel, Ketten aus Folie, die nach demselben Prinzip hergestellt
werden wie Strohketten (siehe Seite 137ff.). Ein
apartes Gehänge aus nach innen konzentrisch kleiner
werdenden Reifen schneiden wir aus schmalen, aber
gleichmäßig breiten Folienstreifen, die mit Faden

lose an einer Stelle zusammengehalten werden. Nach dem Vorbild der Strohkugeln schließlich (siehe Seite 139) können wir auch aus Folienstreifen arbeiten. Gefaltete, doppeltgeklebte, kreisrunde Scheiben schließlich bilden einen glänzenden Fächerball: Die Knickstellen werden dabei nach der Mitte hin senkrecht zusammengeklebt.

Vor Weihnachten

eimliche Zeit,
wenn es draußen friert und schneit
und der Christ ist nicht mehr weit!

Wie's tuschelt in den entferntesten Ecken,
kichert und lacht!
Überall Bepacktsein, Verstecken;
Vorfreude: wie anderen Freude man macht!
Hoffen und Wünschen webt feiernd durchs Zimmer:
Ein Heinzelmannwirken im Lampenschimmer.

Mich deucht, ich sah einen güldenen Schein:
Guckt da nicht Sankt Niklas zum Fenster herein?
Glocken erklingen in weiter Ferne.
Bratäpfelduft aus dem Ofen quoll.

Am nachtklaren Himmel schimmern die Sterne
verheißungsvoll
und schauen das Treiben und freuen sich mit
bei der eilenden Menschen frohklingendem Schritt.

Friedvolles Hasten weit und breit:
Weihnacht ist nahe! O heimliche Zeit!

Albert Sergel, 1876–1956

Weihnachtliche Mobiles

Mobiles, frei im Raum schwebende Fische, Vögel oder ähnliches Getier, fürs Kinderzimmer eventuell Püppchen, Zwerge oder Papierbälle, haben wir das ganze Jahr. Zu Weihnachten kann man ganz leicht ein Engels- oder Sternmobile basteln.

Das Schwierigste daran ist das Auspendeln. Aus glattem, dünnem und nicht allzu biegsamem Draht werden beliebig viele verschieden lange Bügel geschnitten und jeweils in der Mitte aneinandergehängt. An die beiden Enden kommen die Figuren, und dann müssen die Verhältnisse von Gewicht, Drahtlänge und den Fäden, die die Drähte halten, sorgsam ausbalanciert werden. Dazu hängt man das Mobile zweckdienlich noch nicht an die Decke. Ein Kleiderbügel mit Haken, am Bücherbord von einem besonders schweren Buch beschwert und festgehalten, eignet sich gut zum Ausprobieren.

Für die Mobilefiguren sind natürlich die glänzenden Rauschgoldengel in verschiedenen Größen besonders geeignet. Oder auch Watteengel. Für den Kopf nimmt man eine glatte, unpolierte Holzmurmel (Spielzeuggeschäft), der ein Gesicht aufgemalt werden kann. Der Körper besteht aus einem groben, leicht gebogenen Holzspan, die Flügel aus Watte oder weißen Federn.

Goldfoliensterne, gefaltet oder geklebt, auch Strohsterne, Glaskugeln in allen Farben, leichte Glasglöckchen, kleine vergoldete Tannenzapfen und aus Seidenpapier geschnittene Phantasiefiguren, Rausch-

goldengel (siehe S. 195 f.) oder ineinandergehängte Stroh- und Papierringe sind auch geeignet.

Das fertige, ausgependelte Mobile kann entweder mit einer weißköpfigen Reißzwecke direkt an die Decke gehängt werden oder aber an die Zimmerlampe, falls diese Arme hat. Sonst kann man es auch an einem Stab, Bügel oder ähnlichem am Bücherregal aufhängen. Das eine Ende des Stabes wird unter ein dickes Buch geschoben, ans andere kommt das Mobile.

Zwar kein Mobile, aber ein ganz ähnlich aufhängbarer weihnachtlicher Zimmerschmuck: zwei oder drei überdimensional große farbige Glaskugeln werden an verschieden langen dünnen Fäden (Nylon oder weiße Seide) mit Reißzwecken unmittelbar an der Zimmerdecke befestigt. Die Farben sollten zu Gardinen und Lampen passen. Wenn z. B. eine rote Stehlampe und eine mit grünen Vorhängen bespannte Fensterwand vorhanden sind, geben mit der Lampe gleichfarbige rote Kugeln einen guten Effekt. Zu weißen Vorhängen passen blaue, zu blauen silberne, zu grünen auch goldene Kugeln. Vorsicht bei mehrfarbigen Gardinen und Teppichen!

Natürlich kann man Glaskugeln verschiedener Farben und Größen auch als Mobile an die Drähte hängen. Dazu eignen sich ganz besonders buntbemalte Holzkugeln oder solche aus durchsichtigem Glas.

Einladung auf Weihnachten

Jeder kann sich die Welt betrachten
Zur Lenzfeier auf seine Weise,
Aber das Winterfest Weihnachten
Ist gemacht für Familienkreise.

Da nun solch einen Kreis du missest,
Sei geladen in meinen frommen,
Daß du unter den Kindern wissest,
Wozu Christ in die Welt gekommen.

Laß dich nicht reu'n die wenigen Meilen,
Durch Winterweben ein rüstiger Schreiter;
Um die festliche Lust zu teilen
Reist man im kälteren Schweden oft weiter.

Wenig fördert beim spärlichen Lichte
Jetzt die Arbeit, die volles fodert.
Bring', wie du pflegtest, uns eine Geschichte,
Daß der Kamin uns heller lodert.

Komm' aus der Still' um im Saus und Brause
Mich zu trösten von all' den Buben,
Die mir der Winter hält in der Klause,
Daß enge werden die weiten Stuben.

Teile des häuslichen Glücks Genüsse,
Sieh, vom geputzten Zweige der Tannen
Wie sie schlagen die gold'nen Nüsse;
Wenn du genug hast, gehst du von dannen.

Aber ich muß, in Fesseln geschlagen,
Des erlösenden Frühlings warten,
Um mit gutem Gewissen zu sagen:
Marsch nun Buben, und lärmt im Garten.

Friedrich Rückert, 1788–1866

Vor Gott geht's göttlich her,

Und nicht nach Stand und Würden.
Herodem läßt er leer,
Mit seinem ganzen Heer;
Und Hirten auf dem Felde bei den Hürden
Erwählet er.

Sie saßen da und hüteten im Dunkeln ihre Herde
Mit unbefangnem frommen Sinn;
Da stand vor ihnen, an der Erde,
Der Engel Gottes, und trat zu ihnen hin,
Und sie umleuchtete des Herren Klarheit,
Und er sagte ihnen die Wahrheit.

Und eilend auf sie standen,
Gen Bethlehem zu gehn;
Und kamen hin und fanden,
Ohn' weiters zu verstehn,
Mirjam und Joseph beide,
Und in der Krippen lag zu ihrer großen Freude
In seinem Windelkleide
Aus Grummet von der Weide
Der Knabe wunderschön.

Aus der »Weihnachtskantate« von Matthias Claudius, 1740 - 1815

Christrose oder Schneerose

(Helleborus niger)

Die Christrose aus der Familie der Hahnenfußge-
wächse kommt aus dem südlichen Mitteleuropa.
Sie wächst im Garten und blüht zwischen November
und Februar, also genau in der Weihnachtszeit. Fünf
zarte weiße oder blaßrosa Blütenblätter in Tüten-
form umgeben die zarten gelben Staubgefäße. Für
unser Advents- und Weihnachtszimmer kommen sie

nur als Schnittblumen in Betracht. Sie sollten kühl stehen. Bevor wir sie in die Vase stecken, einige Stunden bis zum Blütenansatz in Wasser stellen. Die Stiele mit einem scharfen Messer ungefähr zwei Zentimeter tief einschneiden.

Weihnachten

Da brennt der grüne Weihnachtsbaum
mit Lichtern weiß und rot;
und Gaben liegen auf dem Tisch:
ein Korb mit Zuckerbrot!
Der Gummiball, das Bilderbuch!
Die Arche mit Getier!
Ein Schaukelpferd, und sonst noch was:
Christkind, ich danke dir!

Albert Sergel, 1876–1956

Lebkuchen — Honigkuchen — Pfeffernüsse

»... Äpfel und Birnen und Mandelkern,
Lebkuchen und Nüsse und Zuckerstern ... «
Zum Nikolaustag, zur vorweihnachtlichen Zeit, zum
Fest selbst, gehört der glänzende braune Lebkuchen,
der in Nürnberg erfunden wurde und schon seit dem
Jahr 1300 bekannt ist. Bereits damals überliefern alte
Chroniken Gilden der sogenannten »Pfefferküchler«,
in München gab es seit 1470 eine Zunft. Zunächst
der klassische Nürnberger Elisenlebkuchen.

Sie brauchen dafür:

500 Gramm Mehl
500 Gramm Zucker
500 Gramm geschälte und geriebene Mandeln
8 Eier
60 Gramm feingeschnittenes Zitronat
60 Gramm feingeschnittenes Orangeat
    Außerdem : 8 Gramm Zimt, 2 Gramm Nelken, 2 Gramm
    Kardamom und eine Messerspitze geriebene Muskatnuß.

Die Eier werden kräftig geschlagen, mit dem Zucker
und den Gewürzen mindestens eine Viertelstunde
lang gerührt, dann kommt nach und nach das Mehl
dazu, zuletzt die Mandeln.
Oblaten entweder kreisrund oder in der Größe und
im Format von Spielkarten zuschneiden. Darauf
streicht man den Teig etwa 1 cm dick und läßt ihn
bei nicht zu starker Hitze backen.

Sollen die Lebkuchen dunkel werden, dem Teig ein
bis zwei Eßlöffel Kakaopulver zusetzen.

Die fertiggebackenen Lebkuchen werden mit weißer
Glasur oder Schokoladenüberzug bestrichen. Nach
Gefallen kann man auch Ornamente oder Schrift
(Weihnachtsglückwünsche, Namen der Beschenkten
usw.) aus Zuckerguß in Weiß oder Farbe daraufsprit-
zen oder die Kuchen mit ganzen Mandeln, Mandelsplittern, Zitronat und kandierten Früchten besetzen.
Eine Variation: statt der Mandeln geriebene Haselnüsse zum Teig nehmen.

Nun der Honigkuchen, aus dem man mit einiger
Phantasie und einfachen Mitteln die schönsten Weih-
nachtsherrlichkeiten für den bunten Teller bereiten
kann.

Zum Grundrezept nehmen Sie:

500 Gramm reinen Bienenhonig
650 Gramm Mehl
  20 Gramm Natron
  20 Gramm Lebkuchengewürz
    Außerdem: 1 Tasse Wasser, etwas abgeriebene Zitronen-
    schale, eine Messerspitze Zimt und eine Messerspitze Karda-
    mom.

Honig und Wasser läßt man kochen, nimmt den Topf
vom Herd und rührt, wenn der Teig etwas abgekühlt ist, Mehl und Gewürze darunter. Gut verkneten. Dann läßt man den Teig etwas ruhen, rollt ihn
anschließend auf einem leicht bemehlten Backbrett
etwa einen halben Zentimeter dick glatt aus, legt die
Schablonen auf und schneidet mit einem spitzen Messer ihre Konturen nach. Auf dem mit Butter bestriche-

nen Backblech im vorgeheizten Ofen 15 Minuten backen.

Aus dem gerollten Teig des Honigkuchens läßt sich alles, was ein Kinderherz erfreut, ausstechen und formen. Die Schablonen schneidet man aus dickem Haushaltspergament oder aus dünner Pappe: Eisenbahnen, Straßenbahnen, Autos und Postkutschen, Häuschen, Tannenbäume, Fische, Pferdchen, Blumen und Sterne, Herzen, Nikolausstiefel oder den Nikolaus selbst mit Bart, Sack und Rute, bunte Trachtenfiguren, Omnibusse, Schlitten, Paketchen oder Leuchterengel – was Phantasie und Geschicklichkeit auch immer erlauben.

Den Zuckerguß macht man aus Puderzucker, Eiweiß und Zitronensaft, die Menge nach Bedarf. Er kann mit Rum, Arrak oder Kirschgeist abgeschmeckt werden. Der Zucker wird fein gesiebt und mit dem Eiweiß glattgerührt; dann den Saft dazugeben. Zum Färben teilt man kleine Portionen ab und färbt sie mit bunten Konditoreifarben.

Alle anderen Verzierungen werden auf den noch feuchten Zuckerguß gedrückt. Mit dem Verzieren erst beginnen, wenn die fertiggebackenen Honigkuchen ausgekühlt sind. Dazu nehmen Sie: Silber-, Gold- und Schokoladenstreusel, Zuckererbsen, Rosinen, farbige Liebesperlen in allen Größen, Schokoladenglasur, ganze Mandeln und Mandelsplitter.

Aus Honigkuchenteig kann man auch Buchstaben ausschneiden; vor allem Kinder im ersten Schuljahr, die gerade Lesen lernen, werden daran ihren Spaß haben. Die Buchstaben vor dem Backen mit ganzen Mandeln, Zitronat und Orangeat belegen. Hinterher mit Zuckerguß hübsche Ornamente, Blumen oder Sterne aufspritzen.

Zuletzt das Pfeffernüsse-Rezept.

Nehmen Sie

420 Gramm Zucker
420 Gramm Mehl
10 Eidotter
   Außerdem: 3 kleine geriebene Muskatnüsse und Zimt nach Belieben.

Zucker und Eidotter werden eine Viertelstunde lang gerührt. Dann die Gewürze und zuletzt das Mehl darunterrühren. Kleine Bällchen formen, auf dem eingefetteten Backblech bei Mittelhitze ausbacken.

Wiegenlied

Da droben auf dem Berge, da wehet der Wind,
da sitzet Maria und wieget ihr Kind.
Sie wiegt es mit ihrer schlohweißen Hand
dazu braucht sie kein Wiegenband.
»Ach Josef, liebster Josef mein,
ach hilf mir wiegen mein Kindelein!«
»Wie soll ich dir helfen dein Kindelein wiegen,
ich kann ja vor Kälte die Finger kaum biegen.«
Auf dem Berge da wehet der Wind,
da wieget Maria ihr Kind. *Unbekannter schlesischer Dichter*

Von Backmodeln

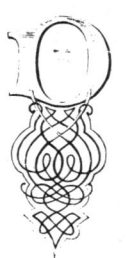

ie Marzipan und Springerle, Spekulatius, Honig- oder Pfefferkuchen, traditionelle Weihnachtsbäckereien, werden seit Jahrhunderten in Modeln geformt, solange es sie überhaupt gibt.

Die Kunst, solche Dinge zu backen, ging schon seit dem Mittelalter von den Klöstern aus. Ein Briefwechsel Heinrichs von Nördlingen (gest. 1350) mit Margarete Ebner erzählt davon, daß sich die Nonnen mit »Küchlein, Krapfen und Käsen« zu bescheren pflegten, die jeweils dem gegebenen Anlaß entsprechend gemodelt und in Form gebacken waren.

Um 1400 wird das große, langgeformte weiße Weihnachtsbrot erwähnt. Um 1510 backten die geistlichen Frauen im Kloster Günthersthal Lebkuchen, eine Weihnachtspredigt aus dem Jahr 1571 spricht von »Christstollen, Zucker, Pfefferkuchen und mancherlei Konfekt«, und eine andere von 1595 berichtet: »Auf Weihnachten gefallen die Christstriezel und großen Wecken.«

Aber schon im Lauf des 15. Jahrhunderts wurde die Bäckerei im allgemeinen und besonders zum Christfest Sache der Bürger. In den großen Städten gab es seit der Jahrhundertmitte Pfefferkuchenzünftler. Und damit begann auch das Gewerbe der Modelschneider und -schnitzer aufzublühen. Es wurde zur ausgesprochenen Volkskunst, die ihre Hoch-Zeit vom 16. bis an die Schwelle des 19. Jahrhunderts erlebte.

Alles, was die Umwelt dieser Zeit war und besaß, wurde in die hölzernen Backwerkformen eingeschnitten – umrißhaft-grob, zierlich, im Relief oder als Hohlform: Trachten, Mode, Brauchtum, Menschen, Tiere, aber auch Heiligenverehrung.

Später traten neben das ursprüngliche Material Holz noch Zinn, Kupfer, Ton, gelegentlich auch Leder.

Familienwappen wurden so verwendet; Siegel und Bildnisse in Model eingegraben galten als wertvolle Gaben, man schenkte sie zu Festen und allerlei Gedenktagen.

Und es blieb nicht aus, daß die Kunst des Modelschneidens und -gießens vor allem nach weihnachtlichen Motiven griff, daß in der Zeit des Backens und Schenkens eine besondere Vielfalt der Formen und Darstellungen entstand. Da gibt es Engel aller Größen und Gestalten, schmal und gotisch geschwungen oder später ausladend barock; aber auch fein ziseliert den Stall von Bethlehem, den Zug der Könige, die Hirten auf dem Felde, die Ruhe auf der Flucht; oder derb und volkstümlich den dicken Herbergswirt, Ochs und Esel, staunendes Volk – das Geschehen der Heiligen Nacht verzierte unbekümmert, fast profan all die süßen Herrlichkeiten der Weihnachtsbäckerei.

Daneben formte man Damen in eleganter Robe, im Barock prächtige Reiter hoch zu Roß mit einer Hundemeute zur Seite, Jäger, Bauern und allerlei Tiere. Alle Themen, die der Malerei zu Gebote standen, kamen auf ihre Weise auch durch die Modelschneider zu ihrem Recht.

Bis ins 19. Jahrhundert hinein blieb diese Kunst

lebendig. Heute werden Model meist industriell hergestellt. Selten findet man auf dem Lande noch einen
Schnitzer, der sich darauf versteht.

Aber die kleinen Kunstwerke der Vergangenheit
sind noch heute geschätzte Kulturdokumente der
früheren Jahrhunderte, Sittenspiegel der Zeit und
zugleich beliebte Sammelobjekte, die jedes Jahr zur
Zeit der Weihnachtsbäckerei neu zu Ehren kommen.

Sie sagen, immer wann die Jahrszeit naht,

wo man des Heilands Ankunft feiert, singe
die ganze Nacht durch dieser frühe Vogel:
dann darf kein Geist umhergehn, sagen sie;
die Nächte sind gesund, dann trifft kein Stern,
kein' Elfe naht, noch mögen Hexen zaubern:
so gnadenvoll und heilig ist die Zeit.

Aus »Hamlet« von William Shakespeare, 1564–1616

Theodor Körner an die Seinen

Wien, am 14. December 1811

Das erste Mal in meinem Leben soll ich Weihnachten nicht mit Euch feyern. Wie mir das weh thut, denkt Ihr Euch gern, da Ihr wißt, wie sehr ich an allen diesen Familienfesten hänge. Hier kennt man es gar nicht, und wenn man sich beschenkt, so geschieht es zum neuen Jahre. Denkt hübsch an mich bey Eurer Freude, ich will mir die blaue Stube, den Lichterbaum und die Stritzel zum Thee recht lebhaft malen. – Gern hätt ich Euch etwas von meinen Arbeiten geschickt, aber meine guten Abschriften sind beym Theater, und die Concepte kann niemand lesen, daß wißt Ihr...

Nun bescheer ich Euch in Gedanken recht viel tausend Küsse an alle und die herzlichsten Wünsche obendrein... Legt aber doch ein Stückchen Stritzel hin, es soll mir bis nach Wien gut schmecken.

Kommet, ihr Hirten

Kommet, ihr Hirten, ihr Männer und Fraun,
kommet, das liebliche Kindlein zu schaun!
Christus, der Herr, ist heute geboren,
den Gott zum Heiland euch hat erkoren!
Fürchtet euch nicht!

Lasset uns sehen in Bethlehems Stall,
was uns verheißen der himmlische Schall!
Was wir dort finden, lasset uns künden,
lasset uns preisen in frommen Weisen!
Halleluja!

Wahrlich, die Engel verkündigen heut
Bethlehems Hirtenvolk gar große Freud.
Nun soll es werden Frieden auf Erden,
den Menschen allen ein Wohlgefallen!
Ehre sei Gott!

Karl Riedel, 1827–1888

Christkindlein

as Christkindlein bin ich genannt,
den frommen Kindern wohlbekannt,
die ihren Eltern gehorsam sein,
die früh aufsteh'n und bitten gern,
denen will ich was bescher'n.
Die aber solche Holzblöck' sein,
die schlagen ihre Schwesterlein
und necken ihre Brüderlein,
steckt Ruprecht in den Sack hinein.

Aus »Des Knaben Wunderhorn«

Dresdner Christstollen

Die Christstollen oder Striezl sind typisch sächsische und thüringische Weihnachtsspezialitäten. In Dresden gab es dafür eigens den sogenannten »Striezlmarkt«, auf dem nichts anderes als Stollen verkauft wurde. Und in allen Haushalten wurde er in ungeheuren Mengen gebacken.

Die Form des mit weißem Zucker ganz überstreuten Laibs ist symbolisch für das in weiße Windeln und Wickelbänder eingehüllte Christkind selbst.

Stollenbacken war früher (man kennt ihn seit 1474, damals erwähnt eine Urkunde ihn als »Christbrot«) eine geheimnisvolle Wissenschaft. Die handgeschriebenen Rezepte, mit genauer Dosierung der Zutaten und manchem besonderen Kniff dabei, gab man von Generation zu Generation weiter.

Heutzutage kennt und bäckt man Stollen in aller Welt, sie werden von großen Konditoreien als Festgabe versandt, die Rezepte mehr und mehr abgewandelt (Mohnstollen, Mandelstollen usw.), je nach Landschaft. Manchmal rührt die Hausfrau den Teig nur zu Hause an und überläßt das Ausbacken einem Bäcker.

Am besten bäckt man Stollen ungefähr vierzehn Tage vor Weihnachten. Dann ist er bis zum Fest gut durchgezogen.

800 Gramm Rosinen
200 Gramm abgezogene, gehackte Mandeln
100 Gramm feingewürfeltes Zitronat
10 Eßlöffel Rum
900 Gramm Mehl
90 Gramm Hefe
⅛ Liter lauwarme Milch
150 Gramm Zucker
1 Prise Salz, Kardamom, Muskatblüte
½ abgeriebene Zitronenschale
350 Gramm zerlassene Butter
Puderzucker

Rosinen, Mandeln, Zitronat und Rum mischen, gut zudecken und einige Stunden ziehenlassen. Das Mehl wird in eine Schüssel gesiebt, in eine Mulde in der Mitte kommt die zerbröckelte Hefe; mit Milch den Vorteig anrühren und aufgehen lassen. Nun zum Vorteig Butter, Zucker, Salz, Kardamom, Zitronenschale und Muskatblüte geben und zu einem glatten, festen Teig kneten. Diesen läßt man weiter aufgehen, dann wird das Rosinengemisch eingearbeitet; noch einmal gehenlassen. Zwei Stollen ausformen, bei guter Mittelhitze (ca. 175 Grad) in den vorgeheizten Ofen schieben (das Blech wurde mit eingefettetem Pergament belegt), eine knappe Stunde backen lassen. Die noch warmen, fertigen Stollen mit Butter bestreichen und Zucker darübersieben.

Eine Christnacht in Monveldo

Von Trude Bürger

uhig, Grisella, altes Mädchen, ruhig«, sagte Dom Martino und klopfte der kleinen Eselin, die auf dem steilen, plattigen Weg mit den Vorderhufen ausgeglitten war, den Hals. »Bald sind wir unten, siehst du, vor uns sind schon die Lichter von Monveldo. Dann gibt es frisches Heu.« Dom Martino war auf dem Rückweg von Santa Catarina hoch oben im felsigen Bergland, dem äußersten Zipfel seines Kirchspiels. Wie immer vor den hohen Festtagen, so hatte er auch heute, an der Vigil von Weihnachten, den Kranken und Alten, die nicht mehr den beschwerlichen Weg ins Kirchdorf machen konnten, die Sakramente gespendet und im windschiefen Bergkirchlein die Vigilmesse gelesen, war hier tröstend an einem Leidenslager gesessen und hatte dort mit uralten Berglern ausgiebig geplaudert. Darüber war es spät geworden, und die Dunkelheit hatte ihn unterwegs eingeholt.

Während er so dahinritt, überdachte er noch einmal seine Weihnachtspredigt. Es war nicht leicht, für seine Gemeinde unten in Monveldo, zumeist wohlhabende Weinbauern, Worte zu finden, die ihnen nicht nur unter die Haut, sondern mitten ins Herz drangen. Als er gerade einer kräftigen Redewendung nachsann, blieb Grisella plötzlich leise schnaubend stehen. »Lauf' weiter, nur noch ein Viertelstündchen, dann haben wir's geschafft«, sagte Dom

Martino begütigend. Aber Grisella rührte sich nicht von der Stelle. Dom Martino kletterte seufzend vom Rücken der Eselin und wollte sie am Zügel weiterführen, doch sie stemmte die Vorderhufe fest auf den Boden. »Da muß irgend etwas sein, was sie erschreckt«, murmelte er und tastete nach den Zündhölzern. Er leuchtete den Weg vor sich ab – und da sah er rechts am Wegrand ein Bündel liegen. Beim Schein des zweiten Zündholzes meinte er zu sehen, daß sich das Bündel bewegte, und dann erreichte sein Ohr ein leises, dünnes Kinderweinen. »O heilige Madonna! Ein Kind – ein kleines Kind!« rief Dom Martino erschrocken und hob das Bündel auf. Ein Papier knisterte, und beim Schein eines dritten Zündholzes las er auf einem Zettelchen: »Eine kranke, verlassene und verzweifelte Mutter hofft auf die Hilfe des Jesuskindes.« Sonst nichts. »So etwas!« ereiferte sich Dom Martino in Gedanken und ritt, seinen Fund behutsam im Arm haltend, dem Pfarrhaus zu.

Rosina, Dom Martinos alte, resolute Haushälterin, schlug die Hände über dem Kopf zusammen: »Wie unmenschlich! Warum brachte die Mutter das Kind nicht zu den Schwestern nach San Leonardo? Man muß es sofort der Gendarmerie anzeigen. Und das am Weihnachtsabend!« Sie lief aufgeregt hin und her. Dom Martino sagte: »Wer weiß, ob die Frau Kraft und Geld hatte, nach San Leonardo zu fahren. Sicher, sie hätte das Kind nicht einfach auf den Weg legen dürfen. Was tut ein Mensch in der Verzweiflung nicht alles! Sie hoffte bestimmt, daß mitternächtliche Kirchgänger das Kindchen finden. Das

wichtigste ist, daß es so schnell wie möglich in gute
Hände kommt.« – »So, wollen Sie es vielleicht auf
dem Marktplatz ausrufen lassen? Heute abend? Die
Leute werden sich bedanken!« »Laß mich nur machen, Rosina«, sagte Dom Martino lächelnd, »ver-
sorge du es derweilen!« Und als ob es diesen Worten
Nachdruck verleihen wolle, begann das Kind kläg-
lich zu weinen. »Ach, ach, es hat Hunger!« rief Rosina und verschwand mit dem Bündel in der Küche. –
In Monveldo war es uralter Weihnachtsbrauch, daß
das lebensgroße, wächserne »Weihnachtskind«, das
der Pfarrer zu Beginn der Christmette auf eine
Strohschütte vor dem Altar legte, alljährlich von
einer Familie beherbergt wurde. Nach dem Gottes-
dienst ging die Familie, die an der Reihe war, zum
Altar, das älteste Kind nahm das »Weihnachtskind«,
und die ganze Gemeinde geleitete sie in einer feierlichen Lichterprozession nach Hause. Am Fest der
Unschuldigen Kinder waren dann die drei- und

vierjährigen Dorfkinder bei der Familie zu Gast,
und am Fest der Erscheinung des Herrn wurde das
»Weihnachtskind« ebenso feierlich in die Kirche
zurückgebracht.

Die Christmette begann. Unter feierlichem Orgel-
spiel kam der Zug der Ministranten aus der Sakristei, gefolgt von Dom Martino mit dem »Weihnachtskind« auf dem Arm. Er trat hin zur Strohschütte und – da! was war das? Die in den vorderen
Bänken Knienden reckten die Hälse. Hatten sich
nicht die Ärmchen des Weihnachtskindes bewegt?
Tatsächlich! Und jetzt wieder! Die Leute schoben
sich langsam aus den Bänken und drängten nach
vorne. Ein Wunder! Ein Wunder! flüsterten sie.
Und damit es allen offenbar werde, hob das »Weihnachtskind« kräftig an zu schreien. Die Unruhe
wuchs. Dom Martino gebot mit starker Stimme
Ruhe. Er legte das Kind auf die Strohschütte und
begann – entgegen seiner Gewohnheit, zur Wort-
verkündigung die Kanzel zu besteigen – vom Altar
aus mit der Weihnachtspredigt. Er schilderte kurz,
wie er auf dem dunklen Weg das Kindlein gefunden
habe, las die Worte auf dem Zettel vor und ersuchte
die Gemeinde, Gott für diese Tat einer verzweifelten
Mutter um Verzeihung zu bitten und die Frau seiner
Barmherzigkeit, die er in dieser Nacht so wunder-
sam offenbart habe, zu empfehlen. Andererseits, so
fuhr er fort, wolle Gott doch ohne Zweifel etwas
Besonderes damit sagen, wenn er der Gemeinde gerade in der Heiligen Nacht ein Kindlein in den Weg
lege. Denn an diesem Abend, in dieser Nacht dürfe
eigentlich keines dieser Kleinen ohne Eltern und

ohne warmes Bettchen sein. Und so meine er, daß
solch ein Brauch, wie die Beherbergung des »Weihnachtskindes« es sei, erst dann Sinn und Berechtigung habe, wenn jeder, der es heimtrage, von Herzen bereit sei, das wirkliche, das lebendige Christus-
kind zu beherbergen, nämlich in der Gestalt solch
eines armen, verlassenen Würmchens wie dieser
kleine Findling da. Die Monveldaner, die vor Hun-
derten von Jahren den schönen Brauch eingeführt,
hätten damit, das stehe fest, dartun wollen, daß damals, in der ersten Heiligen Nacht, die Leute von
Monveldo dem Gotteskind die Herberge nicht ver-
weigert haben würden. Gewiß, diejenigen, die er mit
diesen seinen Worten besonders anspreche, seien,
zumal so ganz unvorbereitet, vor eine schwere Ent-
scheidung gestellt, und er werde diese in jedem Fall
respektieren, was er auch von der Gemeinde erbitte.
Nach der Christmette, als der Chor das Lied: »Jesus,
kehre bei uns ein« anstimmte und für José Arandez
und seine Familie der Augenblick gekommen war,
das »Weihnachtskind« zu holen, reckten sich die
Hälse wie nie zuvor. Was würde José Arandez tun?
Er war zwar ein arbeitsamer, rechtschaffener Mann,
aber weichherzig, nein, das war er nicht. Im Gegenteil, beim Abwickeln der Geschäfte war er hart im
Geben und Nehmen. Doch siehe: José Arandez
flüsterte seiner Frau etwas zu, stand entschlossen
auf, winkte seiner Familie ihm zu folgen, ging zum
Altar und, sich zur Strohschütte niederneigend, hob
er mit starken Händen das Kind auf und legte es seiner Frau in die Arme, während ihn seine vier Kinder
mit glänzenden Augen anschauten. Der Mutter lie-

fen die Tränen über's Gesicht, sie drückte das Kind
an sich und sagte ganz unwillkürlich: »Ach je, es hat
sich naßgemacht!«
Noch niemals zuvor, so ist noch zu berichten, gaben
die Monveldaner dem »Weihnachtskind« so feierliches Geleit wie in dieser Heiligen Nacht.

O schöne, herrliche Weihnachtszeit

schöne, herrliche Weihnachtszeit,
was bringst du Lust und Fröhlichkeit!
Wenn der heilige Christ in jedem Haus
teilt seine lieben Gaben aus.

Und ist das Häuschen noch so klein,
so kommt der heilige Christ hinein,
und alle sind ihm lieb wie die Seinen,
die Armen und Reichen, die Großen
und Kleinen.

Der heilige Christ an alle denkt,
ein jedes wird von ihm beschenkt.
Drum laßt uns freu'n und dankbar sein!
Er denkt auch unser, mein und dein.

Heinrich Hoffmann von Fallersleben, 1798–1874

Die zwei Hirten in der Christnacht

Als das Christkindlein geboren war, saßen die zwei Hirten Damon und Halton nachts bei ihrer Herde und erzählten einander, was sie dem Christkindlein für Geschenke machen wollten; es war bei einem Bache unter einem Palmbaum, ihre Schafe lagen um sie her und schliefen, es war auf einer weiten, weiten Wiese, oben auf einem Berge; der Mond war ganz groß, und rechts waren am Himmel eine Menge kleine Wolken, wie Schäfchen so weiß, und der Mond war wie der Schäfer dazu; auf der linken Seite aber stand am Himmel der Morgenstern, ganz hell wie ein Kristall, der stand über dem Stall, worin das Jesuskindlein lag, die Hirten aber saßen unter dem Palmbaum am Bach, der rauschte ganz leis; da haben sie so gesungen:

Halton

Ich will dem Kindlein schenken
Ein silberweißes Lamm,
Soviel ich mich bedenke,
Kein schöners ich bekam;
Es hat zur linken Seite
Wie Blut so rot ein Fleck,
Weiß nicht, was der bedeutet
Und was dahintersteckt.

Damon

Und ich schenk diesem Kinde
Ein Kälbchen zart und klein,
Mit roten Bändern binde
Ich ihm die Füßlein sein;
Und so will ich es tragen
Gar schön auf meinem Hals,
Das Kindlein wird da sagen:
Ach Mutter, mir gefallt's.

Halton

Und ich will ihm noch schenken
Ein junges Böcklein schön,
Es treibt wohl tausend Schwänke
Und bleibt nicht lange stehn;
Es klettert, stutzt und springet
Und bleibt an keiner Stell,
An seinem Halse klinget
Ein goldnes Glöcklein hell.

Damon

> Und ich will ihm noch schenken
> Ein rotes Hirschkälblein,
> Sein Füßlein und Gelenke
> Sind gar so zart und fein;
> Da mir's auf grüner Straßen
> Im Wald entgegenkam,
> Ließ sich's ganz gerne fassen,
> Ging mit und wurde zahm.

Halton

> Und ich will ihm noch schenken
> Ein schönes Eichhörnlein,
> Kann schnell herum sich schwenken,
> Ein hurtig Meisterlein;
> Das Christkindlein wird lachen,
> Wenn es die Nüßlein packt
> Und schnell sie tut aufkrachen,
> Trick, track wohl nach dem Takt.

Damon

> Und ich will ihm noch schenken
> Ein weißes Häselein,
> Es ist voll tausend Ränken,
> Will stets bei Menschen sein;
> Es wird beim Kripplein spielen
> Und trommeln eigentlich,
> Die Schläge niederzielen
> Mit Füßen meisterlich.

Halton

> Und ich will ihm noch schenken
> Ein wachsam Hündelein,
> So klug, man soll's kaum denken,
> Es tanzet ganz allein;
> Es kann auch apportieren
> Und stehen auf der Wacht,
> Sucht, was man tut verlieren,
> Was gilt's, das Kindlein lacht.

Damon

> Und ich will ihm noch schenken
> Ein mausig Kätzelein,
> Ihm darf kein Härlein kränken,
> Halton, dein Hündelein.
> Es läßt sich auch nicht beißen,
> Gar schnell sich widersetzt,
> Tut brüsten sich und spreißen,
> Bleibt immer unverletzt.

Halton

Und ich will ihm noch schenken
Ein Stückchen Einerlei,
Mein, jetzo wirst du denken,
Was dieses doch wohl sei?
Zu deinem Kätzlein eben
Will ich ihm noch dabei
Ein pelzern Mausfall geben,
So hat's der Kätzlein zwei.

Damon

Und ich will ihm noch schenken
Ein muntres Täubelein,
Das lauft auf Tisch und Bänken
Mit seinem Schwesterlein;
Ein Ringlein ihnen beiden
Bezirkelt Hals und Brust
Aus Flaum und Federseiden
Recht farbig nach der Lust.

Halton

Und ich will ihm noch schenken
Zwo Turteltauben keusch,
Die spreiten, heben, senken
Die Flügel ohn Geräusch;
Ihr Stimmlein, wie man spüret,
Sind lauter Seufzerlein,
Gott weiß, welch Leid sie rühret
In ihrem Herzelein.

Damon

> Und ich will ihm noch schenken
> Ein großen bunten Hahn,
> Der Haupt und Hals tut schwenken
> Gleich einem edlen Schwan;
> Mit Sporn und Busch er gehet
> Stolz als ein Rittersmann,
> Und morgens fleißig krähet
> Der bunte Wettermann.

Halton

> Und ich will ihm noch schenken
> Ein Fink und Nachtigall,
> Die Kopf und Ohren lenken
> Nach meiner Flöte Schall;
> Spiel ich die Schäferlieder,
> So kommen sie herbei
> Und pfeifen sie mir wieder
> In ihrer Melodei.

Damon

> Und ich will ihm noch schenken
> Ein weißes Körbelein,
> An Balken soll man's henken
> Voll kleiner Vögelein;
> Ich selber hab's geschnitzet
> In siebenthalben Tag,
> Ist neu und unbeschmitzet,
> Nicht gnug man's loben mag.

Halton

> Und ich will ihm noch schenken
> Ein schönen Hirtenstab,
> Mit Farben ihn besprengen,
> Wie es noch keinen gab;
> Die Kunst hab ich gelernet,
> Wie man es machen soll,
> Daß ganz er wird gesternet
> Und bunter Flecken voll.

Damon

Und ich will ihm noch schenken
Viel schöne Sachen mehr,
Ja schenken und noch schenken
Je mehr und je noch mehr;
Auch Äpfel, Birn und Nüsse,
Milch, Honig, Butter, Käs,
Ach, wenn ich doch könnt wissen,
Was es recht gerne äß.

Halton

Wohl dann, so laßt uns reisen
Zum schönen Kindelein
Und unsre Gaben preisen
Dem kleinen Schäferlein;
Ihm alles auf soll heben
Die Mutter mit Bescheid,
Daß es ihm wird gegeben
Hernach zu seiner Zeit.

Aus » Des Knaben Wunderhorn «

Wir backen noch einmal

ikolaustag und Adventszeit haben wahrscheinlich an dem Vorrat gezehrt, den wir für den kunterbunten Nikolausteller (siehe Seite 17f.) gebacken haben.

Etwa eine Woche vor dem Weihnachtsfest backen wir dies alles noch einmal, und dazu noch:

SPEKULATIUS

500 Gramm feines, durchgesiebtes Mehl
500 Gramm Zucker
250 Gramm Butter
3 Eier
4 Gramm Zimt
   Außerdem: die abgeriebene Schale einer halben Zitrone und
   eine Messerspitze pulverisiertes Hirschhornsalz.

Die Butter wird in Stückchen zerpflückt, mit dem Mehl vermischt und mit allen anderen Zutaten (ausgenommen das Hirschhornsalz) zu Teig gemacht. Über Nacht oder wenigstens einige Stunden ruhen lassen. Dann drückt man den Teig auseinander, streut das Hirschhornsalz darüber, arbeitet das Ganze möglichst schnell durch und rollt den Teig stark einen Messerrücken dick aus.

Nachdem werden daraus entweder mit Spekulatiusmodeln (es gibt sehr alte, mit zierlichen Figürchen, ornamentalen Mustern oder auch Tier- und Blumen-

motiven) oder mit dem Messer in beliebigen Formen
Figuren ausgestochen. Auf einem eingefetteten Blech
bei mittlerer Hitze backen.

Falls man keine Model besitzt, lassen sich auch aus
Pappe Schablonen von Weihnachtsmännern, Trach-
tenpuppen, Sternen und Herzen schneiden. Sie werden auf den Teig gelegt und mit einem scharfen Messer ausgestochen.

SÜSSE MAKRONEN

750 Gramm Zucker
500 Gramm geriebene Mandeln
4 Eiweiß
Außerdem : die abgeriebene Schale einer Zitrone

Die Mandeln werden mit dem Zucker, der Zitronenschale und dem sehr festen Eiweißschaum eine gute
Weile gerührt, mit einem Löffel auf das erhitzte, sehr
gut eingefettete Blech gesetzt und bei schwacher
Hitze ausgebacken.

DANZIGER WEIHNACHTSBROT

500 Gramm Mehl
250 Gramm Zucker
125 Gramm Butter
4 Eier
Außerdem : eine Messerspitze Hirschhornsalz.

Der Teig wird wie Spekulatiusteig gemacht und ausgerollt, mit Formen ausgestochen, oder es werden
Figuren daraus gerädert. Auf dem eingefetteten Blech
backen.

ZUCKERPLÄTZCHEN

250 Gramm gute Speisestärke
250 Gramm Zucker
4 frische Eier
Außerdem : die abgeriebene Schale einer halben Zitrone oder einen halben Teelöffel Muskatblüte.

Die Eidotter werden mit Zucker und Gewürzen eine Viertelstunde stark gerührt, dann wird das steifgeschlagene Eiweiß daruntergezogen und danach die Stärke möglichst schnell durchgerührt. Die Masse teelöffelweise auf ein mit Butter bestrichenes Blech setzen und bei Mittelhitze ausbacken.

GEBRANNTE MANDELN

500 Gramm abgeriebene, ungeschälte Mandeln
500 Gramm Zucker
4 Gramm Zimt

Den Zucker befeuchtet man mit Wasser und kocht ihn in einer kleinen Kasserolle bis zu folgender Probe: Man hält eine Gabel hinein, zieht sie heraus und bläst dagegen; wenn der Zucker in Blasen davonfliegt, ist er gut. Die Mandeln hineinschütten und ständig rühren, bis sie den Zucker aufgenommen haben. Dann nimmt man den Topf vom Feuer und rührt fortwährend weiter, bis sie trocken geworden sind. Dann kommt der Topf wieder aufs Feuer, und die Mandeln werden weitergerührt, bis sie glänzend sind. Dann kommen sie auf eine Porzellanplatte und werden, da sie zusammengeklebt sind, einzeln ausgelegt. Nach Belieben kann man, solange sie noch heiß sind, den Zimt dazurühren.

POMERANZENNÜSSE

Reichlich 210 Gramm feines Mehl
Reichlich 210 Gramm Zucker
3 Eier
45 Gramm Pomeranzen(Apfelsinen)schale, gerieben
45 Gramm in kleine Würfel geschnittenes Zitronat

Man rührt die ganzen Eier mit dem Zucker eine Viertelstunde lang, gibt Gewürz und Mehl dazu, rührt es, bis man kein Mehl mehr sieht, rollt aus der Masse kleine Bällchen, setzt sie auf ein eingefettetes Blech und bäckt sie bei mittlerer Hitze.

Durch Zusetzen von einem halben Gramm pulverisiertem Hirschhornsalz wird der Teig lockerer.

GEWÜRZMAKRONEN

500 Gramm geriebene Mandeln
750 Gramm Zucker
1 abgeriebene Zitronenschale
8 Gramm Zimt
Außerdem: etwas Nelken, Muskatblüte oder Muskatnuß
und einige Eiweiß.

Die Zutaten werden mit so viel Eiweiß vermischt, daß sich die Masse fest verbindet. Dabei verfährt man wie folgt: Die Masse wird mit einem hölzernen Rührlöffel eine Weile hin- und hergestoßen, ohne dabei zu rühren.

Mit dem Löffel auf das heißgemachte, eingefettete Blech setzen und bei schwacher Hitze backen.

MANDELPLÄTZCHEN

> *250 Gramm feines, durchgesiebtes Mehl*
> *250 Gramm Zucker*
> *60 Gramm Butter*
> *60 Gramm geriebene Mandeln*
> *4 Eier*
> *Außerdem : die abgeriebene Schale einer Zitrone*

Man rührt die Butter sahnig und rührt sie mit Eiern, Zucker, Gewürz und Mandeln eine Viertelstunde lang. Alle Zutaten nach und nach dazugeben. Dann mischt man das Mehl unter die Masse und bäckt die teelöffelweise aufs Blech gehäufelten Plätzchen bei mittlerer Hitze.

SCHOKOLADENPLÄTZCHEN

> *180 Gramm durchgesiebter Zucker*
> *125 Gramm geriebene Schokolade*
> *60 Gramm feines Mehl*
> *4 Eiweiß*

Das Eiweiß wird zu festem Schaum geschlagen, mit den anderen Zutaten vermischt, und dann kommen die Plätzchen auf ein stark gefettetes Blech und werden bei Mittelhitze gebacken.

QUITTENWÜRSTCHEN

Quitten werden in Wasser weichgekocht, durch ein Sieb passiert, und dann nimmt man so viel Zucker wie Quittenmus dazu. Dies auf dem Herd steif abrösten, mit geriebenen Mandeln, Zitronat, Orangenschale, Zimt und Nelken würzen. Eine große »Wurst« aus dem ganzen rollen, kleine Würstchen abteilen, in Zellophanpapier wickeln und oben und unten zubinden.

Rauschgold-engel

östliche Nürnberger Lebkuchen, Christkindlesmarkt, Weihnachtsmusik auf dem festlich beleuchteten Podest vor der gotischen Frauenkirche – das alles sind Begriffe, die seit jeher zur Adventszeit gehören. Und der Rauschgoldengel. Mit wallendem Engelshaar, zierlich gefaltetem, gebauschtem oder durch prächtigen Besatz geschmücktem Gewand, großen gezackten Flügeln und in allen Größen. Auch er stammt aus Nürnberg. Es ist überliefert, daß ein Nürnberger Puppenmacher den ersten Rauschgoldengel vor ungefähr 300 Jahren angefertigt habe als Abbild und zum Gedächtnis seines im Kindesalter gestorbenen Töchterchens.

Zum Selbermachen brauchen wir Draht, Alleskleber, Zirkel, Goldfolie, Modellierwachs und Watte oder Engelshaar.

Aus dem Draht basteln Sie ein Gestell beliebiger Größe wie fürs Pflaumenmännlein (siehe S. 143 f.).

Mit dem Zirkel stechen Sie einen Kreis, je nachdem, wie groß Ihr Engel werden soll. Er wird rundum in gleichmäßige Falten gebrochen, diese müssen strahlenförmig nach außen breiter werden, so daß sich ein weiter, steifer Faltenrock ergibt, auf dessen Kante der Engel zugleich auch stehen kann. Für die Arme und das Oberteil schneiden Sie ein Hemd mit nach vorn weiter werdenden Ärmeln, am Oberkörper eng anliegend. Oberhalb der »Taille«, wo Rockbund und Oberteil zusammenstoßen, bekommt der Engel eine breite Schärpe aus Goldband. Die Hände und den Kopf formen Sie aus dem Modellierwachs. Die Flügel können entweder steif über den Hinterkopf aufragend, streng gezackt, oder sanft gebogen und rund

sein. Mit Wachsfarben bekommt der Engel ein Gesicht aufgemalt, die Haare sind aus Watte oder dufti-
gem, silbrigem Engelshaar. Eine Krone, ein Diadem
oder einen Heiligenschein machen Sie aus demselben Material wie das Gewand.

Eine andere Möglichkeit ist ein Engel im glatten,
rundgeschnittenen Folienrock. Also keine Falten legen, sondern den Rock gleichmäßig als Krinoline
um das Drahtgestell herum modellieren. Ein solches
Engelsgewand läßt sich prächtig mit Bordüren besetzen: Goldspitze, Brokat, gerüschtes, in der Farbe
kontrastierendes Band, Stickereiperlen-Schnüre –
das alles sind effektvolle Materialien dazu. Wenn Sie
einen besonders kostbaren Engel machen wollen,

nehmen Sie steifen Brokat für sein Gewand statt der Metallfolie. Auch Goldlamé, das allerdings mit biegsamer, dünner Pappe unterfüttert werden muß, sehr dicker Moirée, festgewobene Spitze oder kräftiges Leinen sind geeignet. Apart ist ein Engel mit bäuerlichem Einschlag: Sein Gewand wird aus derbem Leinen oder Filz bestehen, das mit Trachtenbordüren besetzt ist. Er bekommt eine Schürze und in jede Hand eine lustige rote oder gelbe Kerze.

Der »vornehme« Engel trägt weiße Kerzchen in der Hand und auf dem Kopf ein Krönchen aus Stickereiperlen. Wenn das Krinolinenkleid schmal gehalten wird, können Sie dem Engel noch zusätzlich einen sehr dekorativen, weiten Mantel machen. Oder Sie ziehen ihm einen ebenfalls im Stand schmalen, feinplissierten Rock an.

Rauschgoldengel im kleineren Format sind ein hübscher Christbaumschmuck für Ihren Flitterbaum
(siehe S. 150f.) oder als Beigabe für die gefällige ein-
gepackten Weihnachtsgeschenke geeignet. Sie brauchen kein Drahtgestell.
Vor allem für die Flügel können Sie sich nicht genug
phantastische Formen ausdenken: mondsichelförmig
geschwungene, gezackte, riesengroße, schlichte, aber
mit Litze besetzte, hohe und sehr schmale oder rund-
gebogene mit abwärtsfallenden Zacken. Die Frisur
Ihres Engels kann mit Band oder feinen Perlenkett-
chen gehalten und geschmückt werden, je nachdem,
ob Sie einen dekorativen großen Engel oder eine
lustige, kleine Engelsgesellschaft basteln wollen.

O Tannenbaum

Aus dem Westfälischen

quasi Sarabande

O Tan - nen-baum, o Tan - nen-baum, wie grün sind dei - ne

in Vierteln

Blät - ter. Du grünst nicht nur zur Som - mers - zeit, nein

auch im Win - ter, wenn es schneit! O Tan - nen-baum, o

Tan - nen-baum, wie grün sind dei - ne Blät - ter.

O Tannenbaum, o Tannenbaum,
du kannst mir sehr gefallen.
Wie oft hat nicht zur Weihnachtszeit
ein Baum von dir mich hoch erfreut!
O Tannenbaum, o Tannenbaum,
du kannst mir sehr gefallen!

O Tannenbaum, o Tannenbaum,
dein Kleid will mich was lehren:
Die Hoffnung und Beständigkeit
gibt Kraft und Trost zu jeder Zeit.
O Tannenbaum, o Tannenbaum,
dein Kleid will mich was lehren.

Ernst Anschütz

Die verkleidete Flasche

ie angezogene Flasche ist ein Geschenk für Väter oder große Brüder und verhältnismäßig einfach zu machen.

Es gibt dabei eine Menge Möglichkeiten, die sich vor allem nach Form und Größe der Flasche richten. Alle Flaschen sind erlaubt, ausgenommen Sektflaschen, denn der Korken spielt eine wichtige Rolle. Für eine Krinolinenfrau eignen sich Slibowitz- oder Bocksbeutelflaschen. Aus Metallfolie modellieren wir einen weiten gebauschten Rock. An der »Taille«, d. h. dort, wo der Flaschenhals ansetzt, wird der Rockbund von einer dicken Goldkordel gerafft und durch festes Umwickeln gehalten.

Als Kopf dient ein rotbackiger Apfel, Mund und Augen werden aus Buntpapier ausgeschnitten und aufgeklebt, desgleichen die Nase, die aus einem spitzen braunen Räucherkerzchen besteht. Den Apfelstiel entfernen, einen sehr starken Draht oder ein Streichholz in den Flaschenkorken bohren und den Apfelkopf daraufsetzen.

Wenn er festsitzt, gehen wir an die Halskrause (möglichst in einer zum Rock kontrastierenden Farbe), ebenfalls aus Metallfolie. Von der Taille der Flasche aufsteigend modelliert man entweder einen steifen, vornehmen Stuartkragen, einen eleganten Umlegekragen oder eine fein gefältelte Krause.

Auch der Hut, der von vielen Stecknadeln auf dem Apfel festgehalten wird, läßt viele Variationsmöglichkeiten zu. Unsere Flaschendame kann als Ritterfräulein (mit spitzem Hut, flatternde Bänder oder gar Federn aufgenäht), Biedermeiermadam (mit Schute), Prinzessin (mit Krone oder Diadem), kesses Mädchen (mit Zylinder) oder Bürgerstochter (mit Haube) ausstaffiert werden. Sollen Locken oder Zöpfe unter dem Hut hervorschauen, nimmt man Watte, Wolle oder Engelshaar. Je nach Phantasie und Geschicklichkeit wird der weitgebauschte Rock mit Tressen aus Gold- oder Silberband, Sternen, bronzierten Tannenzweiglein und Lametta besteckt. Hohe schlanke Wein- oder Kognakflaschen, die einen sanft gebogenen Hals haben, bekommen am besten einen Paletot. Der elegante Flaschenherr trägt den schwarzen Umhang zu einer weißen Krawatte

und Zylinder. Der Pierrot kleidet sich bunt mit spitzer Bommelmütze, der Schotte kariert mit flacher Mütze, der Koch weiß … dies sind nur ein paar Anregungen.

Besonders hübsch ist natürlich auch eine Nikolausflasche, dem Apfelkopf wird ein langer weißer Wattebart angeklebt. Der durchgehende Mantel ist aus Kreppapier oder Seidenpapier. Er wird oben unterhalb des Apfelkopfes mit einem Bürolocher gelocht, das durchgezogene Band kann gleichzeitig als Krawatte oder Fliege dienen. Es wird zusammengeschnürt, oberhalb bleibt noch so viel Papier stehen, daß sich eine kleine Halskrause bildet.

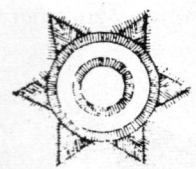

Das Knusperhäuschen

Ein Knusperhäuschen zu basteln ist keine ganz einfache Angelegenheit, es braucht Geduld und Geschick; die Zutaten dazu sind allerdings verhältnismäßig einfach:
Das Häuschen ist so gebaut, daß es standfest ist und nicht leicht einfallen kann. Das Ausschneiden der einzelnen Teile geschieht am besten, wenn der Teig weich ist; ist er spröde, zerbricht er leicht.

Als »Baumaterial« wird ein Pfefferkuchen-Knetteig gebraucht: 1½ kg Mehl, 3 Päckchen Backpulver, 500 g Kunsthonig, 500 g Zucker, 3 Eier, 100 g Butter (Margarine), 1 Prise Salz, 3 Kaffeelöffel gemahlenen Zimt, 1 Kaffeelöffel gestoßene Nelken, je eine Messerspitze Kardamom und Muskatblüte, 3 Zitronen. Kunsthonig, Zucker und Fett unter Rühren erwärmen, bis alles flüssig ist. Salz und Gewürze, das Abgeriebene der Zitronenschalen sowie den Zitronensaft hinzufügen. Mehl mit Backpulver mischen und sieben. Löffelweise das Mehl unter die Honig-Zucker-Masse rühren, dabei auch die verquirlten Eier zugeben. Zuletzt den Teig kräftig durchkneten, bis er geschmeidig ist und nicht mehr klebt, zwei Drittel des Teiges gleichmäßig 1 cm stark ausrollen, den Rest für die 24 mal 32 cm große Bodenplatte reichlich 1½ cm stark auswellen. Den Teig mit Milch bestreichen und mehrfach mit Gabel einstechen, damit er sich nicht wölbt. Auf gefettetem, mit Mehl bestäubtem Blech bei Mittelhitze 30 bis 40 Minuten backen. Aus einem einfachen, dünn ausgewellten Knetteig Herzen, Sterne, Bäumchen oder andere beliebige Formen ausstechen, backen und mit farbiger Zuckerglasur überziehen. Seiten- und Giebelwände mit dünner Zuckerglasur bestreichen, Dachplatten mit Puderzucker bestäuben. Gebäckstücke, halbierte Mandeln, Bonbons und Schokoladenplätzchen mit Zuckerguß nach eigener Phantasie aufkleben. Die ausgeschnittenen Fenster mit rotem Glanzpapier hinterkleben. Der einen Giebelwand mit Zuckerguß Türform aufzeichnen, die Tür beliebig verzieren. Giebel- und Seitenwände beim Verzieren am unteren

Rand etwa 2 cm zum Einstecken in die Bodenplatte
frei lassen. Aus der Bodenplatte ein Rechteck ausschneiden und ringsherum so viel abschneiden, daß
Raum für Seiten- und Giebelwände bleibt. Die Seitenwände am unteren Rand mit Zuckerguß bestreichen, und eine davon in den Ausschnitt der Bodenplatte einsetzen. Die Giebelwände am unteren Rand
und an den seitlichen Schnittflächen mit Zuckerguß
bestreichen. Ist eine Giebelwand eingesetzt, den zu-
rechtgeschnittenen Innenboden einlegen. Zweite
Seiten- und zweite Giebelwand einfügen, und die
Ansatzstellen zusammendrücken. Durch den einge-
legten Boden werden die hochstehenden Wände mit
befestigt.
Zuletzt die reichverzierten Dachplatten auf die dick
mit Zuckerguß bestrichenen Giebelwände legen und
festdrücken. Sollten doch ein paar »Risse« sichtbar
sein, so werden diese mit Zuckerguß zugestrichen.
Das wirkt echt, denn ein Knusperhäuschen soll ja
keine großartige Architekten- oder Baumeisterarbeit
sein. Den Schornstein aus rotem Glanzpapier zuschneiden, zusammenkleben und mit Zuckerguß am

Dach befestigen. Eine Rauchfahne aus Watte ver-
vollständigt das Häuschen. Steht das Knusperhäuschen so in voller Pracht da, erhält es noch Eiszapfen
aus Zuckerguß und einen Stern am Dachfirst, Hän-
sel und Gretel, die Hexe, ein paar Tiere, Brunnen,
Bäume und Hecken, alles fertig gekauft, werden
nach Belieben aufgestellt.

Ich steh an deiner Krippe hier

Ich steh an deiner Krippe hier,
o Jesu, du mein Leben;
ich stehe, bring und schenke dir,
was du uns hast gegeben;
Nimm hin, es ist mein Geist und Sinn,
Herz Seel und Mut: nimm alles hin
und laß dir's wohlgefallen.

Ich lag in tiefer Todesnacht,
du wurdest meine Sonne;
die Sonne, die mir zugebracht
Licht, Leben, Freud und Wonne.
O Sonne, die das werte Licht
des Glaubens in mir zugericht,
wie schön sind deine Strahlen.

Paul Gerhardt, 1607–1676

Vom Schenken

ei eingedenk, daß dein Geschenk –
du selber bist«, mahnt Joachim Rin-
gelnatz in seinem Gedicht »Schen-
ken«, und in burschikoser Form sagt es auch ein
Schlager: »Bißchen denken, beim Schenken...«
Poetischer drückte sich das 19. Jahrhundert aus.
»Gesegnet sei der Mann«, schrieb Leopold Graf
Stolberg, »der diese Sitte erfand, der zuerst am Heiligen Abend vor Weihnachten die Kinder seines
Hauses versammelte, den Kleinsten erzählte, daß der
Sohn Gottes aus Liebe für sie ein Kind geworden
wäre, die Größeren an diese Wahrheit mit Rührung
erinnerte, ihnen sagte, die ganze Christenheit freue
sich, sie sollen sich auch freuen, Klein und Groß
möge nun jauchzen, und sie mögen spielen mit den
Geschenken, welche er und ihre Mutter ihnen
schenkten...« Wer der Mann war, der das Weihnachtsgeschenk wirklich erfand, weiß niemand zu
sagen. Wir wissen allerdings von dem frommen
Presbytermönch Alsso, einem in Prag lebenden
Deutschen, der im Jahre 1400 eine Schrift über die
Sitte, sich zu Weihnachten zu beschenken, verfaßte.
Sie liegt heute in der Bibliothek in Wolfenbüttel und
berichtet: »Mit Recht heißt daher der Vorabend (des
Weihnachtsfestes) ›freigebiger Abend‹, weshalb auch
die gläubigen Christen an diesem Abend freigebiger
werden, als zu anderen Zeiten, zu Ehren und zum
Gedächtnis jener Freigebigkeit vom Himmel.«
Bevor wir den vielberufenen Geschenke- und Kauf-

rummel vor dem Fest zum hundertsten Mal kritisieren, ist es vielleicht kurios, zu erfahren, daß schon frühere Jahrhunderte ihren Ärger damit hatten, daß sogar die Polizei Verordnungen dagegen erließ und Geldbußen für Zuwiderhandlung auferlegt wurden. So fordert ein Edikt aus dem 14. Jahrhundert aus Ravensburg: »Daß niemand den anderen zu Weihnachten weisen (d. h. beschenken) soll ... und wer fürbaß jemant weiset, ... der muß geben an die Stadt zur Buße III Schilling als dick (d. h. so viel) er's thut.« Im Jahr 1661 lesen wir in einer sächsischen »Policey-Ordnung«: Es darf »im Geringsten kein heiliger Christ ... an Kleidung, Gelde, Geschmeide oder anderen Sachen« gegeben werden.

Und 1735: Das Gesinde darf nichts verlangen, der Herrschaft jedoch steht es frei, »ob sie zur Weihnachtszeit ihrem Gesinde etwas geben will oder nicht«. Allerdings dürfen sich diese Gaben »nicht über 1 Rthlr. 8 g bis 2 Rthlr. belauffen«.

Daraus, daß solche obrigkeitlichen Edikte überhaupt notwendig waren, zeigt sich, daß auch in der »guten alten Zeit« die Christtagsfreude nicht nur in süßen Wecken und Rosinenbrot beschlossen lag. Und niemand wird in unseren Tagen verhindern können, daß die bissige Parodie auf ein Weihnachtslied: »Süßer die Kassen nie klingeln, als zu der Weihnachtszeit«, Jahr für Jahr ihre Berechtigung erfährt. Trotzdem: Auch heute kommt es noch (oder wieder?) vor, daß ein kleiner Bub seiner Mutter zum Fest einen Gutschein »für zehn Stunden Schlaf« überreicht. Das Schild »Kein Zutritt – der Weihnachtsmann« hängt in jedem Jahr an den Kinder-

zimmertüren, und dahinter werden mit wichtiger Miene, klebstoffverschmierten Händen und eifriger Geschäftigkeit all jene Geschenke für Eltern und Geschwister gebastelt, die so unnütz, und so rührend und so ganz im Ringelnatz'schen Sinne »du selber« sind: Klebebilder, Deckchen, Laubsägearbeiten, Transparente.

Weihnachten, das Fest der Liebe! Auch die »Großen«, die nicht unbedingt etwas selbermachen wollen oder können, sollten Nachdenken, Zeit, Mühe und Phantasie an ihre Gaben wenden, denn das wiegt mehr als lieblos teuer Eingekauftes. Jeder kann sein Geschenk durch festliche Verpackung und individuelle Auswahl zu etwas Besonderem machen; mit einem beigefügten Gedichtchen etwa, wie es im vorigen Jahrhundert Nikolaus Lenau zu Weihnachten 1836 »mit einem Edelmardermuff« an seine Liebste sandte:

»Schöne Frau, die ich verehre,
Wenn ich ein Naturgeist wäre,
Würd ich heut zur Weihnachtsspende
Für die vielgelobten
Kunst- und fleißerprobten
Blumenschöpferischen Hände
Nicht das Fell des Marders geben;
Nein! zum Schutz vor Frostesqualen
Würde ich aus Frühlingssonnenstrahlen
Einen Zaubermuff dir weben.«

Daß man deshalb nicht gleich ein geborener Dichter
sein muß, beweisen die ungelenk-liebevollen Verse,
die Frau Rat, die Mutter Goethes, einem Weih-
nachtspäckchen beifügte:

»Die Mode ist,
daß frommen Kindern der heilige Christ,
wann sie das Jahr hübsch fromm gewesen,
manch schöne Gabe hat auserlesen.
Torten, Rosinen, Gärten mit Lichtern,
Herrn und Dammen mit höltzern Gesichtern,
Äpfel und Birn, Geigen und Flöten,
Zuckerwerk, Ruthen, Mandlen, Pasteten,
Reiter mit Pferden gut ausstaffirt,
nachdem ein jedes sich aufgeführt.«

Wer nicht dichten will, kann auf bunten Karten einen Prosagruß zum Fest schicken. Und solche Karten lassen sich, mit ein bißchen Phantasie und wenigen Zutaten, leicht selber machen.
Hier ein paar Vorschläge:

Ihr Grundmaterial ist dünner Filz in vielen möglichst intensiven Farben, grobes Leinen oder Rupfenstoff, Gold- und Silberkordel in den verschiedensten Stärken, selbstklebende Glanzfolie, bunte Wolle, Watte und farbiger oder weißer dünner Karton.

Aus dem Karton schneiden Sie die Karten auf das gewünschte Format zurecht. Dann zeichnen Sie mit Schneiderkreide frei oder, wenn Sie ein Motiv mehrmals wiederholen wollen, mit Hilfe einer vorgefertigten Pappschablone, die Figuren auf den Filz. Ein grüner Tannenbaum wird auf einer kräftig orangefarbigen Karte dekorativ aussehen. Für die Krippe paßt der einfache weiße Untergrund am besten. Ein lustig drauflosmarschierender Nikolaus im wehenden roten Mantel, mit weißem Sack, schwarzen Schaftstiefeln und Wattebart, wirkt gut auf sattem Grün. Ein weißer Engel mit goldgesäumtem Gewand und flatterndem Goldhaar (Kordel) kontrastiert zu zartem Blau, eine bunte Engelsschar dagegen (jeder bekommt eine andere Kleid- und Flügelfarbe) kleben Sie vielleicht auf leicht gelbgetönten Karton. Damit sich Ihre Karten nicht vom Aufleimen auf einer Seite biegen oder rollen, kleben Sie auch auf die Rückseite ein dünnes, glattes Papier auf. Mit feinen Wollfäden kann man die Weihnachtswünsche in runden lateinischen Buchstaben »schreiben«.

Schneiden Sie Ihre Figuren großflächig, stilisiert und möglichst raumfüllend aus. Einzelheiten wie Gesichter, Muster der Kleidung oder Requisiten können nur angedeutet werden oder ganz wegbleiben. Solche aus Stoff selbstgeklebten Karten wirken ja vor allem durch das Material und die Leuchtkraft der Farbe. Anders, wenn Sie mit Papier und Folie arbeiten: Hier dürfen Sie den Engelsröckchen die raffiniertesten Scherenschnitt-Dessins geben, sollten die Sternformen feinziseliert sein, können die Krippenfiguren gotisch-zart wirken, und Pinsel und Zeichenstift sind notwendige Hilfsmittel, um Haar, Gesichter oder Heiligenscheine zu zeichnen. Und natürlich – falls Sie entsprechendes Talent besitzen: Mit Wasser- oder Leimfarben, Buntstiften, Kohle und Kreide lassen sich die schönsten aller Weihnachtskarten malen und zeichnen.

Haben Sie zu Weihnachten viel gebacken? Dann freuen sich Freunde und Bekannte bestimmt über eine »Auswahlsendung« Ihrer süßen Vorräte zum Fest. Packen Sie sie in eine bemalte Spanschachtel, die es in den verschiedensten Größen und Formen in Kunstgewerbegeschäften zu kaufen gibt – auch unbemalt, falls Sie sich selbst mit dünner Öl- oder Lackfarbe daran versuchen wollen.

Als Neuestes kommen die guten, altmodischen Abziehbildchen wieder zu Ehren. Es gibt da die reizendsten weihnachtlichen Motive: Tannengirlanden, Sternborten, einzelne Engel, Kerzen und Glaskugeln, ganze Krippen usw. Die Bildstreifen legt man zehn Minuten in warmes Wasser und preßt sie dann fest auf die gewünschte Unterlage. Die Abziehbilder

sind wasserunempfindlich. Ganz gewöhnliche Glas-
oder durchsichtige Plastikdosen, in denen Kaffee,
Babynahrung oder Marmelade verkauft wird, lassen
sich damit in aparte Geschenkbehälter verwandeln;
vor allem buntes Gebäck, kandierte Früchte, braune
Rumkugeln und schneeweiße Springerle sehen, in
solch ein verziertes Glas geschichtet, »zum Fressen«
aus.

Schließlich noch das Einwickelpapier: Die kaufba-
ren Papiere werden von Jahr zu Jahr schöner und
einfallsreicher, sie wirken durch ihre Muster und
Farben ganz allein. Einfarbiges buntes Seidenpapier
dagegen läßt sich dekorativ mit kontrastierenden
Seidenschleifen, Tannenzweigen, vergoldeten Nüssen und sonstigem Schmuck (Sterne, Rauschgoldengel, Folienrosetten) vereinigen. Rustikale Motive
auf etwas derberem Packpapier eignen sich für ge-
wichtigere oder große Geschenke. Falls Sie aber den
Ehrgeiz haben, auch hier selbst als »Designer« zu
wirken, greifen Sie am zweckmäßigsten zum Kar-
toffeldruck. Als Unterlage ist weißes Seidenpapier
am besten geeignet. Die Stempel schneidet man in
beliebigen Formen und Motiven aus glatten Stücken

der rohen Kartoffel. Gedruckt wird mit nicht zu nasser Wasserfarbe, die auf den Stempel gepinselt wird. Noch ein kleiner Tip zu Ihrer »Geschenkplanung«: Ein Weihnachtsnotizbüchlein kann man sich schon lange vor dem Fest anlegen. Darin stehen nicht nur die Adressen all derjenigen, die eine Weihnachtskarte bekommen sollen, sondern vor allem beiläufig geäußerte Wünsche der Familie, der Freunde. Die Hobbies der zu Beschenkenden sind ebenfalls vermerkt; der Lieblingskaffee der Zugehfrau so gut wie Autor und Titel des Buches, das den literaturbeflissenen Neffen neulich so interessierte. Will man einen Schallplattennarren zum Fest überraschen, so ist beim nächsten Besuch ein Blick in dessen Diskothek von Nutzen. Ebenso mustern Sie kurz die Bibliothek des Bücherfreundes oder die Kochbuchsammlung des Gourmets mit dem Faible zum Selberkochen. Was eventuell fehlt, kommt ins Büchlein.

Nun zum Weihnachtszimmer: In der Regel kommen die Geschenke hübsch aufgebaut und mit Tannengrün geschmückt auf einen eigens dazu aufgestellten Gabentisch. Jedes Familienmitglied bekommt sein Eckchen. Die Gaben sind entweder verschnürt, oder sie werden uneingewickelt gefällig angeordnet. In der Mitte steht jeweils der bunte Weihnachtsteller mit den Süßigkeiten und Stollen. Für kleinere Kinder ist der Platz der Geschenke unter dem Weihnachtsbaum. Leichtere oder kleine Gaben wird man, wie es früher üblich war, an den Tannenbaum hängen. Für sehr viele verschiedene Geschenke eignet sich ein »Krabbelkorb«. Die einzelnen Päckchen sind eingewickelt und beschriftet. Ein großer Wasch-

oder Henkelkorb wird mitten ins Weihnachtszimmer gestellt, und jeder sucht sich das Seine heraus. Oder die Mutter teilt aus.

Kinder werden ihre Geschenke eigenhändig überreichen wollen. Größere tun sich vielleicht zusammen und machen einen besonderen Geschenketisch für die Eltern.

In vielen Familien ist es üblich, daß die Kinder, bevor sie ihre Gaben in Empfang nehmen, unter dem Weihnachtsbaum ein auswendiggelerntes Gedicht aufsagen. Vielleicht runden ein paar Beispiele das Kapitel vom Schenken sinnvoll ab. Die größeren können eines von den Gedichten und Liedern lernen, die in diesem Buch gesammelt sind. Für die Kleineren hier einige ganz einfache Christkindlsprüche aus dem Volksgut:

> Christkindele, Christkindele,
> komm doch zu uns herein.
> Wir haben ein Heubündele
> und auch ein Gläsele Wein.
> Das Bündele fürs Esele,
> fürs Kindele das Gläsele,
> und beten können wir auch.

Oder:

> Ei, du lieber heiliger Christ,
> komm nur nicht, wenns finster ist,
> komm im hellen Mondenschein,
> wirf mir Nüß und Äpfel rein.

Oder:

> Christkindchen, komm in unser Haus,
> leer deine große Tasche aus,
> stell deinen Schimmel untern Tisch,
> daß er Heu und Hafer frißt.
> Heu und Hafer frißt er nicht,
> Zuckerbrezel kriegt er nicht.

Und schließlich:

> Christkindchen, ich will artig sein,
> bescher mir was in mein Schüsselein,
> Äpfel, Nüsse, eins, zwei, drei,
> und ein Püppchen auch dabei.

 ## Der Traum

ch lag und schlief; da träumte mir
ein wunderschöner Traum:
Es stand auf unserm Tisch vor mir
ein hoher Weihnachtsbaum.

Und bunte Lichter ohne Zahl,
die brannten ringsumher;
die Zweige waren allzumal
von goldnen Äpfeln schwer.

Und Zuckerpuppen hingen dran;
das war mal eine Pracht!
Da gab's, was ich nur wünschen kann
und was mir Freude macht.

Und als ich nach dem Baume sah
und ganz verwundert stand,
nach einem Apfel griff ich da,
und alles, alles schwand.

Da wacht' ich auf aus meinem Traum,
und dunkel war's um mich.
Du lieber, schöner Weihnachtsbaum,
sag an, wo find' ich dich?

Da war es just, als rief er mir:
»Du darfst nur artig sein;
dann steh ich wiederum vor dir;
jetzt aber schlaf nur ein!

Und wenn du folgst und artig bist,
dann ist erfüllt dein Traum,
dann bringet dir der heil'ge Christ
den schönsten Weihnachtsbaum.«

Heinrich Hoffmann von Fallersleben, 1798–1874

Der Pfefferkuchenmann

s war einmal ein Pfefferkuchenmann,
von Wuchse groß und mächtig.
Und was seinen inneren Wert betraf,
so sagte der Bäcker: »Prächtig!«

Auf dieses glänzende Zeugnis hin
erstand ihn der Onkel Heller
und stellte ihn seinem Patenkind,
dem Fritz, auf den Weihnachtsteller.

Doch kaum war mit dem Pfefferkuchenmann
der Fritz ins Gespräch gekommen,
da hatte er schon – aus Höflichkeit –
die Mütze ihm abgenommen.

Als schlafen ging der Pfefferkuchenmann,
da bog er sich krumm vor Schmerze;
an der linken Seite fehlte fast ganz
sein stolzes Rosinenherze!

Als Fritz tags' drauf den Pfefferkuchenmann
besuchte ganz früh und alleine,
da fehlten, o Schreck, dem armen Kerl
ein Arm schon und beide Beine!

Und wo einst saß am Pfefferkuchenmann
Die mächtige Habichtnase,
da war – ein Loch! Und er weinte still
eine bräunliche Sirupblase.

Von nun an nahm der Pfefferkuchen
ein reißendes schreckliches Ende.
Das letzte Stückchen kam schließlich durch Tausch
in Schwester Margretchens Hände.

Die kochte als sorgliche Hausfrau draus
für ihre hungrige Puppe
auf ihrem neuen Spiritusherd
eine kräftige, leckre Suppe.

Und das geschah dem Pfefferkuchenmann,
den einst so viele bewundert,
in seiner Schönheit beim Bäcker Schmidt,
im Jahre neunzehnhundert!

Paul Richter

Christmarkt vor dem Berliner Schloß

Welch lustiger Wald um das hohe Schloß
hat sich zusammengefunden,
ein grünes, bewegliches Nadelgehölz,
von keiner Wurzel gebunden!

Anstatt der warmen Sonne scheint
das Rauschgold durch die Wipfel;
hier backt man Kuchen, dort brät man Wurst,
das Räuchlein zieht um die Gipfel.

Der eine kauft ein bescheidnes Gewächs
zu überreichen Geschenken,
der andere einen gewaltigen Strauch,
drei Nüsse daran zu henken.

Und kommt die Nacht, so singt der Wald
und wiegt sich im Gaslichtscheine;
da führt die ärmste Mutter ihr Kind
vorüber dem Zauberhaine.

Gottfried Keller, 1819-1890

Das verschwundene Jesuskind

Eine Weihnachtsgeschichte von Catharina Bachem–Tonger

Die ganze Gemeinde war stolz auf die Weihnachtskrippe in ihrer Pfarrkirche. Denn alle hatten ihren
Anteil zu der kunstvollen Bastelarbeit der Krippe
beigetragen. Auch die Bemalung der lebendig wir-
kenden Figuren von Maria und Joseph, der Hirten
und Könige, von Öchslein und Eselein und den
weißen wolligen Lämmchen, die sich zwischen den
Hirten neugierig hinzudrängten, war Gemeinschafts-
werk gewesen. Neben dem Eingang zur Höhle
standen ein paar exotische Pflanzen, eine Zwerg-
palme, eine Aloe und ein paar blühende Kakteen.
Über der Höhle leuchtete der Stern von Bethlehem.
Das Innere der Höhle lag im Dunkel, aber in der
Wölbung war eine Öffnung, durch die der helle
Glanz des Sterns hereinstrahlte. Er beschien das
Jesuskind in der Krippe, es war, als ginge von dem
göttlichen Kinde aller Glanz aus, der vom Antlitz
seiner Mutter widerstrahlte und der auch all die anderen Figuren hell und leuchtend aus dem geheim-
nisvollen Dunkel hob.
Das Jesuskind in der Krippe war die Freude aller
Kinder. Es lächelte so lieb und hold und streckte
seine Händchen aus, als wolle es sagen: »Lasset die
Kindlein zu mir kommen –.« Und sie kamen nur zu
gern.
Niemand hätte sich ein Weihnachtsfest ohne diese
Krippe vorstellen können. Fing doch das Weihnachtsfest an, wenn in der Mette um Mitternacht

der Stern über der Höhle aufleuchtete und in seinem hellen Licht das Jesuskind in der Krippe plötzlich sichtbar wurde, als sei es eben vom Himmel herabgestiegen.

Und dann geschah das Unfaßbare: Als am dritten Tage nach Weihnachten der Pfarrer durch das Kirchenschiff zur Sakristei ging und dabei noch einen Blick auf die Krippe werfen wollte, kam ihm der Küster in heller Verzweiflung entgegen.

»Hochwürden – Hochwürden!« stotterte er heiser vor Aufregung, »das Kind ist weg! Unser Jesuskind – aus der Krippe haben sie es gestohlen!«

Der Pfarrer schüttelte ungläubig den Kopf. »Das gibt es in unserer Gemeinde nicht.«

»Dann muß es jemand aus einer anderen Gemeinde sein, der neidisch auf unsere schöne Krippe war.« Auch das schien dem Pfarrer nicht einzuleuchten.

Er entgegnete ruhig und bestimmt: »Wir wollen selber Detektiv spielen. Ich setze mich hier in den Beichtstuhl und ziehe den Vorhang etwas zurück. So kann ich alles übersehen, was bei der Krippe geschieht. Und Sie verstecken sich hinter dem Pfeiler dort.«

Kaum hatte der Küster sein Versteck und der Pfarrer seinen Spähposten bezogen, als die Kirchentür sich öffnete und kurze eilige Schritte von den Steinfliesen widerhallten. »So unbekümmert tritt kein Dieb auf«, sagte sich der Pfarrer und neigte sich etwas vor, um den Eintretenden besser sehen zu können.

Der Kleine, der da so selbstsicher, ohne nach links und rechts zu sehen, direkt auf die Krippe zulief, war ein etwa fünfjähriges Bübchen aus dem Dorf. »Wie wird er erschrecken, wenn er die Krippe leer findet«, dachte der Pfarrer mit Bedauern. Aber was trug er im linken Arm, sorglich mit dem Mäntelchen versteckt? Ob er dem Jesuskind ein Spielzeug bringen wollte? – Schon manchmal hatte der Pfarrer bunte Murmeln und Bälle und Süßigkeiten gefunden, die Buben und Mädchen dem Kind in der Krippe wie einem kleinen Spielkameraden heimlich gebracht hatten. Aber was der Kleine jetzt unter dem Mäntelchen hervorholte, schien ein großes Spielzeug zu sein.

Der Pfarrer vergaß für einen Augenblick seine Rolle als Detektiv und schob den Vorhang zurück, um zu beobachten, wie der Kleine sich verhielt, wenn er die Entdeckung machte, daß das Jesuskind verschwunden war.

Aber von Erschrecken war nichts zu bemerken. Das Kind beugte sich über die leere Krippe und legte mit äußerster Behutsamkeit das Mitgebrachte hinein. Dann glättete er sorgfältig Stroh und Moos ringsum, und als es dabei zur Seite trat und den Blick auf die Krippe freigab, glaubte der Pfarrer seinen Augen nicht trauen zu dürfen – denn da lag vor ihm lächelnd, mit zärtlich ausgestreckten Händchen, das verschwundene Jesuskind.

Nun wandte sich der Knabe zum Weggehen. Aber dann blickte er sich noch einmal um und nickte dem Kind in der Krippe so vertraut und lächelnd zu, wie einem guten Kameraden nach fröhlichem Spiel.

Da stand der Pfarrer vor ihm.

»Wie kommst du zu dem Jesulein?« fragte er maßlos erstaunt. »Wo hast du es gefunden? Oder wer hat es dir gegeben?«

»Niemand hat es mir gegeben«, sagte der Bub, »ich habe es aus der Krippe genommen.«

»Aber warum denn? Was hast du denn mit dem Jesuskind gemacht?«

Jetzt wurde der Kleine verlegen und blickte scheu vor sich hin.

Dann schaute er den Pfarrer treuherzig an und sagte: »Herr Pfarrer, das war nämlich so: Ich hätte so gern einen schönen Roller gehabt, weil ich doch so gern Roller fahre.«

»Und hast keinen bekommen?« fragte der Pfarrer voll Bedauern.

»Meiner Mutter war er zu teuer«, erklärte der Bub, »und da hab ich mir vom Christkind einen gewünscht.«

»Und das Christkind hat dir den Roller gebracht?«
»O ja, Herr Pfarrer«, sein Gesichtchen strahlte.
»Einen ganz wunderschönen Roller. Und ich bin
so glücklich und dem lieben Christkind so dankbar.
Ach, Herr Pfarrer, und da hab ich gedacht, wo
doch alle Kinder so gern Roller fahren, würde es
dem Christkind auch Freude machen, und weil ich
ihm so dankbar bin, wollte ich ihm mal zeigen, wie
schön es sich mit dem neuen Roller fahren läßt...«
»Und da bist du mit dem Jesuskind Roller gefahren?«
»Ja, Herr Pfarrer, jetzt eben in der schönen Mittags-
sonne. Drei Ehrenrunden hab ich mit ihm um die
Kirche gemacht.«

Epiphanias

ie Heiligen Drei König'
mit ihrem Stern,
sie essen, sie trinken und
bezahlen nicht gern;
Sie essen gern, sie trinken gern,
Sie essen, trinken und
bezahlen nicht gern.

Die Heiligen Drei König' sind kommen allhier,
es sind ihrer drei und sind nicht ihrer vier;
Und wenn zu dreien der vierte wär',
So wär ein Heil'ger Drei König mehr.

Ich erster bin der weiß' und auch der schön',
bei Tage solltet ihr erst mich seh'n!
Doch ach, mit allen Spezerei'n
Werd' ich sein Tag kein Mädchen mehr erfreu'n.

Ich aber bin der braun' und bin der lang',
bekannt bei Weibern wohl und bei Gesang.
Ich bringe Gold statt Spezerei'n,
da werd' ich überall willkommen sein.

Ich endlich bin der schwarz' und bin der klein'
und mag auch wohl einmal recht lustig sein.
Ich esse gern und trinke gern,
ich esse, trinke und bedank' mich gern.

Die Heiligen Drei König' sind wohlgesinnt,
sie suchen die Mutter und das Kind;
Der Joseph fromm sitzt auch dabei,
der Ochs und Esel liegen auf der Streu.

Wir bringen Myrrhen, wir bringen Gold,
dem Weihrauch sind die Damen hold;
Und haben wir Wein von gutem Gewächs,
so trinken wir drei so gut als ihrer sechs.

Da wir nun hier schöne Herrn und Fraun,
aber keine Ochsen und Esel schaun,
so sind wir nicht am rechten Ort
und ziehen unseres Weges fort.

Johann Wolfgang von Goethe, 1749–1832

Vom Christkind

Denkt euch – ich habe das Christkind geseh'n!
Es kam aus dem Walde, das Mützchen voll
                                        Schnee,
mit gefrorenem Näschen.
Die kleinen Hände taten ihm weh;
Denn es trug einen Sack, der war gar schwer,
schleppte und polterte hinter ihm her –
was drin war, möchtet ihr wissen?
Ihr Naseweise, ihr Schelmenpack –
meint ihr, er wäre offen, der Sack?
Zugebunden bis oben hin!
Doch war gewiß was Schönes drin:
Es roch so nach Äpfeln und Nüssen!

Anna Ritter, 1865–1921

Warum der schwarze König Melchior so froh wurde

Von Heinrich Waggerl

Allmählich verbreitete sich das Gerücht von dem wunderbaren Kinde mit dem Schein ums Haupt und drang bis in die fernsten Länder. Dort lebten drei Könige als Nachbarn, die seltsamerweise Kaspar, Melchior und Balthasar hießen, wie heutzutage ein Roßknecht oder ein Hausierer. Sie waren aber trotzdem echte Könige und was noch merkwürdiger ist, auch weise Männer. Nach dem Zeugnis der Schrift verstanden sie den Gang der Gestirne vom Himmel abzulesen, und das ist eine schwierige Kunst, wie jeder weiß, der einmal versucht hat, hinter einem Stern herzulaufen.

Diese Drei also taten sich zusammen, sie rüsteten ein prächtiges Gefolge aus und dann reisten sie eilig mit Kamelen und Elefanten gegen Abend. Tagsüber ruhten Menschen und Tiere unter den Felsen in der steinigen Wüste, und auch der Stern, dem sie folgten, der Komet, wartete geduldig am Himmel und schwitzte nicht wenig in der Sonnenglut, bis es endlich wieder dunkel wurde. Dann wandelte er von neuem vor dem Zuge her und leuchtete feierlich und zeigte den Weg.

Auf diese Weise ging die Reise gut voran, aber als der Stern über Jerusalem hinaus gegen Bethlehem zog, da wollten ihm die Könige nicht mehr folgen. Sie dachten, wenn da ein Fürstenkind zu besuchen sei, dann müsse es doch wohl in einer Burg liegen und nicht in einem armseligen Dorf. Der Stern geriet sozusagen in Weißglut vor Verzweiflung, er sprang hin und her und wedelte und winkte mit dem Schweif, aber das half nichts. Die drei Weisen waren von einer solchen Gelehrtheit, daß sie längst nicht mehr verstehen konnten, was jedem Hausverstand einging.

Indessen kam auch der Morgen herauf und der Stern verblich. Er setzte sich traurig in die Krone eines Baumes neben dem Stall und jedermann, der vorüberging, hielt ihn für nichts weiter als eine vergessene Zitrone im Geäst.

Erst in der Nacht kletterte er heraus und schwang sich über das Dach.

Die Könige sahen ihn beglückt, Hals über Kopf kamen sie herbeigeritten. Den ganzen Tag hatten sie nach dem verheißenen Kinde gesucht und nichts gefunden, denn in der Burg zu Jerusalem saß nur ein widerwärtig fetter Bursche namens Herodes.

Nun war aber der eine von den Dreien, der Melchior hieß, ein Mohr, baumlang und so tintenschwarz, daß selbst im hellen Schein des Sternes nichts von ihm zu sehen war als ein Paar Augäpfel und ein fürchterliches Gebiß. Daheim hatte man ihn zum König erhoben, weil er noch ein wenig schwärzer war als die anderen Schwarzen, aber nun merkte er zu seinem Kummer, daß man ihn hierzulande ansah, als ob er in der Haut des Teufels steckte. Schon unterwegs waren alle Kinder kreischend in den Schoß der Mütter geflüchtet, sooft er sich von seinem Kamel herabbeugte, um ihnen Zuckerzeug zu schenken, und die Weiber würden sich bekreuzigt haben, wenn sie damals schon hätten wissen können, wie sich ein Christenmensch gegen Anfechtungen schützt. Als letzter in der Reihe trat Melchior zaghaft vor das Kind und warf sich zur Erde. Ach, hätte er jetzt nur ein kleines weißes Fleckchen zu zeigen gehabt oder wenigstens sein Innerstes nach außen kehren können! Er schlug die Hände vors Gesicht, voll Bangen, ob sich auch das Gotteskind vor ihm entsetzen würde.

Weil er aber weiter kein Geschrei vernahm, wagte er ein wenig durch die Finger zu schielen, und wahrhaftig, er sah den holden Knaben lächeln und die Hände nach seinem Kraushaar ausstrecken.

Über die Maßen glücklich war der schwarze König! Nie zuvor hatte er so großartig die Augen gerollt und die Zähne gebleckt von einem Ohr zum andern. Melchior konnte nicht anders, er mußte die Füße des Kindes umfassen und alle seine Zehen küssen, wie es im Mohrenlande Brauch war.

Als er aber die Hände wieder löste, sah er das Wunder: – sie waren innen weiß geworden!

Und seither haben alle Mohren helle Handflächen, geht nur hin und seht es und grüßt sie brüderlich.

Maria

Ich sehe dich in tausend Bildern,
Maria, lieblich ausgedrückt,
Doch keins von allen kann dich schildern,
Wie meine Seele dich erblickt.
Ich weiß nur, daß der Welt Getümmel
Seitdem mir wie ein Traum verweht
Und ein unnennbar süßer Himmel
Mir ewig im Gemüte steht.

Novalis (Friedrich von Hardenberg), 1772–1801

Ein Wahrheitslied

ls Gott der Herr geboren war,
Da war es kalt;
Was sieht Maria am Wege stehn?
Ein Feigenbaum.
»Maria, laß du die Feigen noch stehn,
Wir haben noch dreißig Meilen zu gehn,
Es wird uns spät.«

Und als Maria ins Städtlein kam
Vor eine Tür,
Da sprach sie zu dem Bäuerlein:
»Behalt uns hier,
Wohl um das kleine Kindelein,
Es möcht dich wahrlich sonst gereun,
Die Nacht ist kalt.«

Der Bauer sprach von Herzen: »Ja,
Geht in den Stall!«
Als nun die halbe Mitternacht kam,
Stand auf der Mann:
»Wo seid ihr dann, ihr armen Leut?
Daß ihr noch nicht erfroren seid,
Das wundert mich.«

Der Bauer ging da wieder ins Haus
Wohl aus der Scheuer:
»Steh auf, mein Weib, mein liebes Weib,
Und mach ein Feuer,
Und mach ein gutes Feuerlein,
Daß diese armen Leutelein
Erwärmen sich.«

233

Und als Maria ins Haus hin kam,
Da war sie froh,
Joseph, der war ein frommer Mann,
Sein Säcklein holt;
Er nimmt heraus ein Kesselein,
Das Kind tät ein bißchen Schnee hinein,
Und das sei Mehl.

Es tat ein wenig Eis hinein,
Und das sei Zucker,
Es tat ein wenig Wasser drein,
Und das sei Milch;
Sie hingen den Kessel übern Herd
An einen Haken, ohn Beschwerd,
Das Müslein kocht.

Ein Löffel schnitzt der fromme Mann
Von einem Span,
Der ward von lauter Helfenbein
Und Diamant,
Maria gab dem Kind den Brei,
Da sah man, daß es Jesus sei,
Unter seinen Augen.

Aus »Des Knaben Wunderhorn«

Weihnachtsmarkt in Nürnberg 1697

Einige Tage vor dem Feste, an dem die protestantischen Kirchen fromm die Menschwerdung des Herrn Christus feiern, wird auf dem hiesigen Marktplatz ein Markt gehalten, der »des Kindleins Markt« oder vollständiger »des Christkindleins Markt« gewöhnlich genannt wird.

Da ist beinahe der ganze Platz mit Holzbuden bedeckt, die auf kurze Zeit errichtet sind, in denen aller Art Waren, die zum Nutzen und zur Ergötzung der Kinder, ja auch der Erwachsenen, von Herzen ersehnt und von der Phantasie ausgedacht wurden, zum Verkauf ausgestellt werden. Um sich diesen Markt anzuschauen, strömen nicht nur aus den benachbarten Städten die Leute niederen Standes, sondern dann und wann auch fürstliche Personen dort zusammen.

Die kleinen Kinder sind überzeugt, das Christkind kaufe hier die Sachen, die es nachher in der Nacht zum Weihnachtsabend unter sie austeilen wolle.

Christophorus Wagenseil

Vom Himmel hoch

Weise: Martin Luther

Vom Him-mel hoch, da komm ich her, ich bring euch gu-te, neu-e Mär', der gu-ten Mär' bring ich so viel, da-von ich sing'n und__ sa-gen will.

Euch ist ein Kindlein heut' geborn,
von einer Jungfrau auserkorn,
ein Kindelein so zart und fein,
das soll eur Freud' und Wonne sein.

Es ist der Herr Christ, unser Gott,
der will euch führ'n aus aller Not,
er will eur Heiland selber sein,
von allen Sünden machen rein.

Lob, Ehr sei Gott im höchsten Thron,
der uns schenkt seinen ein' gen Sohn.
Des freut sich der Engel Schar,
und singet uns solch neues Jahr.

Er bringt euch alle Seligkeit,
die Gott, der Vater, hat bereit,
daß ihr mit uns im Himmelreich
sollt leben nun und ewiglich.

Ach Herr, du Schöpfer aller Ding',
wie bist du worden so gering,
daß du da liegst auf dürrem Gras,
davon ein Rind und Esel aß?

Martin Luther, 1483–1546

Historisches vom Christbaum

Etwas ganz Selbstverständliches, der Mittelpunkt der Weihnachtsstube, neben Krippe und Stern *das* Symbol des Christfestes ist für uns heute der Tannenbaum in seinem Putz und Lichterglanz. Und doch stammt die erste Nachricht über ihn erst aus dem Elsaß des 17. Jahrhunderts, und allgemein üblich wurde die Sitte, zum Heiligen Abend einen Baum zu schmücken und anzuzünden, erst im Laufe des 19. Jahrhunderts.

Ein Straßburger Bürger berichtet 1606 in seinen Aufzeichnungen über die Gebräuche der Stadt:

»Auff Weihnachten richtett man Dannenbäum zu Strasburg in den Stuben auff, daran henckett man roßen (d.h. Rosen) auß vielfarbigem papier geschnitten, Aepfel, Oblaten, Zischgolt, Zucker. Man pflegt darum ein viereckent ramen zu machen. undt vorrn...«

Hier bricht die Handschrift ab.

In den Jahren 1642 bis 1646 erschien ein mehrbändiges Werk des Professors und Pastors am Straßburger Münster, Johann Konrad Dannhauer, mit dem Titel »Katechismusmilch«; darin schreibt er:

»Unter anderen Lappalien, damit man die alte Weihnachtszeit oft mehr als mit Gottes Wort begeht, ist auch der Weihnachts- oder Tannenbaum, den man zu Hause aufrichtet, denselben mit Puppen und Zucker behängt und ihn hiernach schüttelt und abblümen läßt. Wo die Gewohnheit herkommt, weiß ich nicht. Es ist ein Kinderspiel...«

In diesen Berichten und ähnlichen ist noch nicht von Kerzen und Lichterglanz die Rede.

Den brennenden Weihnachtsbaum bezeugt erst ein Jahrhundert später, 1737, der Wittenberger Dozent der Rechte Gottfried Kissling in seiner Schrift »Von heil. Christgeschenken«. Er beschreibt die Weihnachtsfeier auf einem Hof und die Art, wie die Hausfrau sie vorbereitet:

»Am heiligen Abend stellt sie in ihren Gemächern soviel Bäumchen auf, wie sie Personen beschenken wollte. Aus deren Höhe, Schmuck und Reihenfolge in der Aufstellung konnte jedes sofort erkennen, welcher Baum für es bestimmt war. Sobald die Geschenke verteilt und darunter ausgelegt und die Lichter auf den Bäumen und neben ihnen angezündet waren, traten die Ihren der Reihe nach ins Zimmer, betrachteten die Bescherung und ergriffen jedes von dem für es bestimmten Baum und den darunter bescherten Sachen Besitz.«

Im »Simplicianischen Wundergeschichtskalender auf das Jahr 1795«, erschienen zu Nürnberg, beschreibt ein Chronist den »Christkindleinsbaum« folgendermaßen:

»An allen Ästchen und Zweigen hingen nun allerhand kostbare Konditor- und Zuckerwaren als: Engel, Puppen, Tiere und dergleichen, alles von Zukker, welches mit den Blüten des Baumes gar artig harmonierte. Ferner hing auch vergoldetes Obst, von allen Sorten, in großer Menge daran, so daß man unter diesen Baum, wie in einem Speisegewölbe sich befand: und es ist nur jammerschade, daß nicht auch

Schinken und Bratwürste (wovon ich ein großer Liebhaber bin) und Schwartenmägen, Ochsenfüße, nebst gebratenen Tauben dranhingen.

In der Mitte dieses Magazins befand sich der Heilige Geist in seiner gewöhnlichen Gestalt, als eine allerliebst schöne Taube von Zucker, zur Rechten hing das Christkind und zur Linken seine Mutter – gar niedlich anzusehen und alles von Zucker, so ich beide, die Jungfrau Maria, nebst ihrem Kinde, vor Liebe wohl fressen mögen, wenn es erlaubt gewesen.

Endlich war der ganze Baum, mit all seinen Zweigen und Früchten, mit einem goldenen Netz, das von vielen tausend vergoldeten und an Schnüren gereihten Haselnüssen gar künstlich zubereitet und mit Girlanden und Bandelotten überzogen, wie an einem Kronenleuchter. Zwischen all diesen unbeschreiblichen Kostbarkeiten leuchteten eine unzählige Menge Wachslichtlein hervor.«

Im 19. Jahrhundert wurde dann der eine, große Christbaum in der Mitte des Zimmers zum Inbegriff des Festes und ist es bis heute geblieben. Er war bunt, mit Süßigkeiten und Tand so recht für Kinder geschmückt. Das beschreibt E. Th. A. Hoffmann in seinem Weihnachtsmärchen »Nußknacker und Mausekönig« im Jahre 1816; es ist ein Baum, der »viele goldne und silberne Äpfel trug, und wie Knospen und Blüten keimten Zuckermandeln und bunte Bonbons und was es sonst noch für schönes Naschwerk gibt aus allen Ästen. Als das schönste an dem Wunderbaum muß wohl gerühmt werden, daß in seinen Zweigen hundert kleine Lichter wie Sternlein funkelten und er selbst in sich hinein und herausleuch-

tend die Kinder freundlich einlud, seine Blüten und Früchte zu pflücken«.

Agnes Miegel schließlich beschreibt den Christbaum ihrer Kindheit folgendermaßen:

»Es war hell und festlich. Vor dem Spiegel stand der brennende Weihnachtsbaum, viel, viel schöner als aller andern Weihnachtsbäume, mit der alten, silbernen Spitze und dem glitzernden Engel, mit dem kleinen Pappestorch, der sich immer drehte, und dem rotbackigen Wickelkind...«

 ## Was gibt es für Weihnachtsbäume?

m bekanntesten ist und am häufigsten als Christbaum gekauft wird die Fichte. Nicht nur, weil sie von allen Arten, die um Weihnachten auf den Märkten angeboten werden, am preiswertesten ist: Ihr ebenmäßiger Wuchs, die kegelförmig spitz zulaufende Krone und die glatte, gleichmäßige, sattgrüne Nadel machen sie so beliebt. Daneben tritt mehr und mehr die pyramidenförmige Douglasfichte mit ihrem graugrünen Nadelkleid.

Die Blautanne, eine ausgesprochene Edeltanne und entsprechend teuer, hat sehr schöne, gleichmäßig fast waagerecht ausgestellte Äste, dicht mit langen, blaugrauen Nadeln besetzt.

Die Weißtanne trägt eine intensiv hellgrüne Benadelung.

Die Nordmanntanne ist ein sehr kräftiger Baum mit starken, regelmäßig angesetzten Ästen und pyramidenförmig gewachsen.

Neben diesen bei uns schon bekannten Weihnachtsbäumen finden sich gelegentlich noch Sitkafichte, Koloradotanne, Weymuthkiefer oder Gummitanne – Bäume, die allerdings nicht einfach zu bekommen und relativ teuer sind.

Weihnachtlicher Blumen- und Tischschmuck

Treibhäuser machen es möglich, daß es beinahe das ganze Jahr hindurch alle Blumen gibt: Flieder, Tulpen, Exoten, ja sogar Rosen auf hohen Stielen. Trotzdem bleiben typisch weihnachtliche Vasen- und Tischarrangements mit Tannengrün und Winterblumen dem Fest am angemessensten. Ausgenommen natürlich die Barbarazweige, die man selbst bei liebevoller Pflege züchtet und zum Blühen bringt (siehe S. 47 f.). Grundlage fast allen Blumenschmucks in der Advents- und Weihnachtszeit sind Tannenzweige, und unbedingtes Zubehör Kerzen aller Formen und Farben; außerdem die dekorativen roten Weihnachtssterne, zarte Christrosen und Mistel- oder ähnliche Zweige, die man selbst vergolden und versilbern kann (siehe Seite 99 f.). Dazu Tannenzapfen, Bänder, Äpfel und Mandarinen, Goldnüsse und rotbeerige Stechpalmen.

In eine hohe, schlanke Vase mit durchweg rundem Durchmesser, die weiß und undurchsichtig sein sollte, werden zwei Blautannenzweige gesteckt. Ganz dicht über dem Vasenrand blaugrüne Glaskugeln, etwa mittelgroß, mit feinem Draht unmittelbar an den Zweigen befestigen. Die Köpfe von drei silbern bronzierten Disteln an den Astspitzen verteilen, in die Mitte eine sich nach oben verjüngende schlanke Kerze, im selben Blauton wie die Kugeln, setzen. – Dasselbe Arrangement läßt sich auch in Rot (mit Fichtenzweigen und Metallfolienrosetten)

243

oder Gold (statt der versilberten Disteln rote oder goldgelbe Strohblumen) zusammenstellen. Es sieht hübsch aus vor einer Bücherwand, vor einem einfarbigen Vorhang oder auf einem Ecktischchen.

Statt eines Adventskranzes ist, wenn eine festliche Gästetafel geschmückt werden soll, folgendes Tischarrangement sehr stilvoll: Auf ein weißes Damasttischtuch wird eine flache Silberschale gesetzt und mit Blautannenzweigen gefüllt, und zwar wie ein »Igel«, denn die Zweigenden dürfen nicht zu sehen sein. Also: längere Zweige nach außen, kürzere und ganz kurze nach der Mitte zu. Die Tannenzweige werden mit blutroten Polyantha-Rosen (Sarabande) besteckt, und in derselben Farbe ragen aus der Mitte vier dünne Stengelkerzen auf. Neben jeder Serviette liegt noch ein Blautannenzweiglein, das ebenfalls mit einer Polyantha zusammengebunden ist.

Eine ähnliche Tischdekoration, bei der die »Tannengrundlage« genauso angeordnet wird: auf einem goldgelben Tafeltuch kräftiggrüne Zotteltanne, Weihnachtskerze und Honigkerzen. Oder zarter: Blautanne, Christrosen, blaßblaue Kerzen und ein gleichfarbiges Tischtuch.

Wichtig ist auch bei der weihnachtlichen Dekoration des Tisches, daß sich die Gäste sehen können. Also Tannenzweige und Blumen immer flach halten.

Ein ländlich derbes Arrangement kann die Flurecke oder ein mit Bauernmöbeln ausgestattetes Zimmer schmücken: kräftige Zotteltannenzweige kommen in eine Bodenvase aus rötlichem Ton. Ganz dicht an den Ästen werden Mandarinen, goldgelbe und rote Strohblumen und kleine ungefärbte Tannenzapfen festgebunden.

Oder: Weihnachtssterne in verschiedener Höhe werden in eine nach oben hin sich weit öffnende Glasvase gestellt. Am Rand nehmen wir blutrote Blüten, für den mittleren Kranz rosafarbene und als Kern weiße. Dazwischen einige wenige Zweige von Silbertanne – eine sehr elegante Zusammenstellung, die sich für ein Zimmer mit Stilmöbeln eignet.

Für den sachlichen, modernen Raum paßt das Folgende, ein wenig »künstliche« Weihnachtsbukett: Breite, weitgeöffnete Tannenzapfen werden bronziert, mit Drahtstielen versehen und als dichter Strauß in eine halbhohe Keramikvase gesteckt. Dazwischen verteilt sich ein ganzes Bündel schlanker Stengelkerzen in Schwarz oder Braun.

Schließlich kann man eine weihnachtliche Festtafel auch bunt und lustig halten. Auf dem ausgezogenen Tisch kommt in die Mitte ein Läufer aus flachen Fichtenzweigen, möglichst zusammengebunden. Er wird nun dicht besteckt mit verschiedenfarbigen Strohblumen, Mandarinen, vergoldeten Nüssen, naturbraunen kleinen Tannenzapfen und roten oder gelben Äpfelchen. Am Ende sitzen jeweils breite, vierfachgebundene rote oder gelbe Schleifen und auf der Tischmitte die vier breiten, gedrungenen Adventskerzen, ebenfalls entweder gelb oder rot. Als Tischdecke nimmt man am besten grobes dunkelgrünes Leinen, dazu ebensolche Servietten und, wenn möglich, braunes Keramikgeschirr.

Auf einen runden Tisch kommt in die Mitte eine runde, flache Kristall- oder Silberschale, die mit Fichtenzweigen und Zweigen der Mahonie dicht gefüllt wird. In das Grün setzen wir blutrote durchsichtige Glaskugeln von mittlerer Größe, daneben rechts und links hohe, mehrarmige Silberleuchter, in denen nach oben sich verjüngende weiße Kerzen stecken. Wenn der Tisch unter einer entsprechenden Deckenlampe steht, sollten an verschieden langen unsichtbaren Nylonfäden Kugeln von derselben Art und Farbe, nur ein wenig größer, herabhängen.

Zu diesem sehr feierlichen Arrangement paßt am besten feines, reinweißes Porzellan, modernes Tafelsilber und eine blaßblaue Damasttischdecke mit gleichfarbigen Servietten. Die Tischkarten bindet man an einen Fichtenzweig, zusammen mit einer roten Glaskugel in kleinerem Format.

Stoßseufzer eines Mutwilligen

»Wie schaut doch so trotzig dein holdes Gesichtchen!
Du kleiner, lieber, verdrießlicher Tor!
Komm, setze dich nieder, ich les' dir Gedichtchen
und ganz allerliebste Geschichtchen vor.

Denn all Abend bei Lampen- und Kerzenschimmer,
da schleicht sich ganz leise Christkind ums Haus,
und schaut durch die Fenster in Stube und Zimmer,
und sucht sich die brävsten Kinder heraus.«

247

»Das ist's ja, weshalb ich mich gräme und härme,
warum so verdrießlich ich stehe hier,
denn, wenn ich ein bißchen nur schreie und lärme,
gleich heißt es: ›Das Christkind kommt nicht zu dir.‹

Gewiß, ich war keiner der Schlimmen und Bösen,
doch immer so sittsam — das ist eine Pein —
o wär doch das Christkind bei uns schon gewesen,
dann bräucht' ich nicht immer so brav zu sein!«

Caroline Herrmannsdorfer

Kinderträume in der Weihnacht

Die Kleinen sind zu Bett gebracht. —
Vom Turme schlägt es Mitternacht.
Da löscht man all die Lichtlein aus,
und dunkel wird's in jedem Haus.

Doch funkelt in den Kinderträumen
ein großer Wald von Lichterbäumen,
und auf der moosbewachs'nen Erde,
da hüpfen lustig Wiegenpferde
und Kasperle, die sich lustieren:
auch Püppchen geh'n hier stolz spazieren.

Und aus der Ferne kommt daher
ein ganzes Bleisoldatenheer
mit Tschinntrarra und Bummtrarra.
Ein dicker Teddybär ist da,
der macht in einem fort: brummbrumm
und tanzt auf einem Bein herum.

Dort auf dem Rand des Bettchens sitzt
das Sandmännlein und lacht verschmitzt,
weil es als sein Geschenk zur Nacht
den Kindern diesen Traum gebracht.

Franz Bauer

Winternacht

Der Winter ist gekommen
und hat hinweggenommen
der Erde grünes Kleid;
Schnee liegt auf Blütenkeimen,
kein Blatt ist auf den Bäumen,
erstarrt die Flüsse weit und breit.

Da schallen plötzlich Klänge
und frohe Festgesänge
hell durch die Winternacht;
in Hütten und Palästen
ist rings in grünen Ästen
ein bunter Frühling aufgemacht.

Wie gern doch seh' ich glänzen
mit all den reichen Kränzen
den grünen Weihnachtsbaum;
dazu der Kindlein Mienen,
von Licht und Lust beschienen;
wohl schönre Freude gibt es kaum.

Volksweise

Leise
fällt der Schnee

Leise fällt der Schnee in Flocken,
lauter weiße Himmelsglocken
künden uns die frohe Mär:
Freut Euch alle, freut Euch sehr.

Bim-Bam singt die Heilige Nacht
und entfaltet ihre Pracht.
Selbst der Vorort mit Fabriken
muß zum Himmel aufwärts blicken,
und der schwarze, lange Schlot
hat drei Tage Rauchverbot.

Neonlichter und Fassaden,
Autos mit Benzin geladen,
Ampeln, Busse, Eisenbahnen
und ein Schloß mit vielen Ahnen,
Fenster in den Mietskasernen
gleichen heute Himmelssternen.

Bim-Bam singt die Heilige Nacht
und entfaltet neue Pracht,
rafft ihr silbernes Gewand,
zieht hinaus bis auf das Land,
wo sie andre Freunde hat,
bessre noch als in der Stadt.

Bürgermeister, Inspektoren,
Angestellte, Direktoren,
auch der dicke Polizist,
der sonst meistens brummig ist,
und der strenge Lehrer Meier
lächeln zu der Weihnachtsfeier.

Denn im schwarzen Tannenwald,
warten Tannen, jung und alt,
steht ein Fuchs mit mildem Blick,
trägt die Beute rasch zurück,
reicht dem Hasen beide Pfoten,
singt ein Weihnachtslied nach Noten.

Marder, Luchs und viele Rehe,
eine halbgerupfte Krähe,
Eichhorn, Ringelnatter, Bären
wollen heut das Christkind ehren,
heulen zart und krächzen leise
eine alte Himmelsweise.

Weiter hinten, ziemlich fix,
macht das Rebhuhn einen Knicks,
sagt ein schwieriges Gedicht,
wobei es sich kaum verspricht.
Alle Tannen fallen ein,
wiederholen den Refrain.

Leise fällt der Schnee in Flocken,
lauter weiße Himmelsglocken
künden uns die frohe Mär:
Freut Euch alle, freut Euch sehr.   *Rosemarie Hauff*

Die heiligen drei Könige mit ihrem Stern,
sie essen, sie trinken und zahlen nicht gern.

Wir schmücken unseren Christbaum

istorisches erfahren Sie auf Seite 238 ff., wie man »Zutaten« selber bastelt auf S. 135 ff. Hier geht es um die verschiedenen Arten, wie der Christbaum je nach Geschmack stilvoll, lustig oder »eßbar« geschmückt werden kann.

Zunächst ein Tip: Elektrische Kerzen sind herzlos, fast möchte man sagen: barbarisch. Das natürliche, das lebendige Kerzenlicht gehört zum Weihnachtsfest, das Flackern und Spielen der Lichter auf Kugeln und Flittertand, der Duft von Wachs und Tannengrün, das langsame Ausgehen der Kerzen, bis die letzte ihre geheimnisvollen, langen Schatten wirft. Alte Menschen vielleicht, die selber nicht mehr die Kerzen anzünden wollen oder können, seien ausgenommen.

Ein hübscher Brauch ist es allerdings, wenn Gartenbesitzer, die einen Tannenbaum im Garten stehen haben, ihn in der Vorweihnachtswoche zur Freude der ganzen Umgebung mit in diesem Fall natürlich elektrischen Kerzen bestecken und anzünden. Tagsüber ist er dann als »Christbaum für die Vögel« aufgeputzt: mit Meisenringen, Futterschälchen voll Sonnenblumenkernen und Speckstücken. Bitte kein Brot, es wird vom Regen oder Schnee naß und kalt, und den Vögeln bekommt es nicht.

Aber hier soll nun vom eigentlichen Christbaumschmücken im Zimmer gesprochen werden:

Wo Kinder sind, wird der Baum bunt sein. Aus dem sächsischen Erzgebirge, in dem das Weihnachtsfest besonders liebevoll vorbereitet und gefeiert wurde und wird, kommt der Spielzeugbaum. Er ist längst auch in allen anderen Gegenden verbreitet und kann beliebig abgewandelt werden. Sein Schmuck besteht aus bunt gedrechselten, bemalten Engelchen – sie sitzen in Halbmonden, Sternen und Kometenschweifen, bringen im Fluge ein Trompetenständchen oder musizieren auf Trommel, Harfe und Laute. Manche tragen ein Notenblatt oder einen Stern in der Hand. Andere typisch erzgebirgische Figuren sind die kleinen Kurrendesänger, wie sie in ihrer Heimat im schwarzen Radmantel, mit Hut und Stern in der Christnacht singend von Haus zu Haus ziehen. Oder Bergmänner mit hohem Hut und steifem Festtagsfrack. Oder hohe, schlanke Leuchter-

engel, die in beiden Händen eine Kerze tragen und mit einer schmalen Schürze angetan sind. Obwohl es Winter ist, kann man auf einen solchen Baum auch die erzgebirgischen Blumenkinder hängen: kleine pummlige Mädchen und Buben, die Blumenstengel in der Hand tragen, aber in ihrer Art mit den runden Pausbacken, steif abstehenden Zöpfchen und bunten Kleidchen den Engeln aufs Haar gleichen.

Diese Spielsachen gibt es in der Regel auf dem Weihnachtsmarkt. Unter den vielen Buden ist immer eine erzgebirgische dabei. Dort werden Räuchermännlein, große Leuchterengel und ähnliches feilgeboten; auch die großen Pyramiden, die in Sachsen häufig den Christbaum ersetzen und oft zu ganzen »Weihnachtsburgen« aufgestockt wurden.

Natürlich läßt sich ein Spielzeugbaum mit Spielzeug aller Provenienzen machen. Vielleicht haben manche Familien noch die ganz reizenden Figuren, Tiere, Häuschen, Eisenbahnen und Engelchen, die früher vom Winterhilfswerk an den Türen verkauft wurden. Wenn der Baumbehang bunt ist, sei alles andere zurückhaltend. Ganz davon abgesehen, daß die einzelnen Sachen vor dem schlichten Grün der Tannenzweige viel hübscher zur Geltung kommen – wenn man jetzt noch Lametta und farbige Kerzen aufhängt, wird das Ganze überladen. Weiße Kerzen und höchstens als ruhiges Element einfache Strohsterne sind am besten.

Einen bunten Baum kann man auch aus lauter Zukkerzeug machen. Die Kinder dürfen ihn dann in der Zeit zwischen Weihnachten und Silvester (oder Dreikönig, manche Familien lassen ihn so lange stehen) langsam plündern. Hierfür eignen sich: bunte Zuckerkringel aus Fondant und Gelee, mit sogenannten »Liebesperlen« besetzte Schokoladenringe, von farbiger Glasur überzogene Lebkuchen (siehe S. 162 f.), in glänzendes Stanniol gewickelte Tannenzapfen, Herzen, Sterne oder Figuren aus Schokolade, Springerle (siehe S. 20 f.) und Marzipan (siehe S. 33 f.), Schokoladenbrezeln, Bonbonketten, gebackene Austecherle – je bunter desto besser. Der Flitterbaum mit in diesem Fall auch selbstgefertigtem Phantasiebehang aus Folie und Lametta ist sehr effektvoll. Aus Metallfolien, vor allem wenn sie zweifarbig sind, läßt sich so gut wie alles schneiden, kleben oder falten: Rosetten, die dicht an den Astgabeln sitzen, Bälle (siehe S. 141 f.), un-

endliche Variationen von Sternen, Rauschgoldengel
(siehe Seite 195 ff.), Ketten, kleine Krönchen, Fächer
und Lampions. Es gibt sehr hübsche, aber schwierig
selbstzumachende Sachen zu kaufen (Papierwaren-
geschäft oder Spielwarenladen). Einen solchen glänzenden Baum wird man allerdings, damit er nicht
allzu »faschingsbunt« wird, in zwei Farben halten:
vielleicht Rot und Gold, oder zurückhaltend-elegan-
ter, Blau und Silber, die Kerzen entsprechend, und
Lametta sehr sparsam. Die Fäden einzeln aufhängen!
Ganze Bündel davon sehen lieblos und grob aus.
Apart, allerdings auch sehr »modisch«, ist der glä-
serne Baum: Glaskugeln ohne den undurchsichtig-
glänzenden Überzug, entweder so zart gefärbt, daß
der Glascharakter erhalten bleibt, oder ganz durchsichtig und mit Bordüren aus Goldlitze, feinen Bro-
kat- oder Samtbändern, Netzen aus glitzernden
Gold- und Silberfäden besetzt.
Auch gibt es Kugeln aus Holz, also unzerbrechlich,

was ein Vorteil für Kinder ist. Sie sind mit dekorativen Mustern bemalt oder ganz mit kostbaren Stoffen überzogen: Goldspitze, farbiger Brokat oder bestickter Samt.

Das Gegenteil zu solch einem vornehmen Baum ist der bäuerliche. Es gibt im Handel grob geschnittene, in der Art von Spankästchen kräftig bunt bemalte Pferdchen, Herzen, Trachtenmännlein, Häuser usw. Dazu passen rote Äpfel, braune Lebkuchen in Brezel- oder Sternform, farbige Zuckerherzen und dunkelgelbe Honigkerzen – also nichts Glänzendes, kein Flitter, sondern klare einfache Formen und Farben. Eventuell kann man auch kleine geflochtene Strohkörbchen mit Süßigkeiten dazuhängen. Aber keinesfalls Lametta, Engelshaar oder dergleichen. Als Baum paßt dazu am besten eine einfache Fichte. Sehr stilisiert wirken Christbäume, die ganz in einer Farbe gehalten werden. Prächtig ist der ganz goldene: goldene Glaskugeln, die von der Spitze abwärts kleiner werden und entweder durchweg matt oder glänzend sein sollten. Dazu Honigkerzen und goldenes Lametta. Etwas kühler ist der silberne: weißgespritzte und silberne Kugeln, weiße Kerzen, Silberlametta und Engelshaar. Mit einem weißen oder silbernen Spray, das es fertig zu kaufen gibt, kann man die Äste besprühen und so einen »Schnee-Effekt« gewinnen. Wer keine Kugeln mag, kann natürlich auch in der jeweiligen Farbe Metallpapierschmuck als Rosetten, Sterne oder, was sehr dekorativ wirkt, Schleifen wählen. Für den »Silberbaum« oder auch für einen ganz in Blau gehaltenen, wird man eine Blautanne aussuchen.

Schließlich steht es jedem frei, eine Mischung aus allem zu machen. Es gibt zauberhafte »Familienchristbäume«, auf denen einträchtig Glaskugeln, Gebackenes, Zuckerzeug, Figuren und Strohsterne, Äpfel, Nüsse, die ersten selbstgebastelten Rauschgoldengel der Kinder und vielleicht aus Großmutters Weihnachtskiste noch die gräßlichen, aber seit Generationen geliebten Glasvögel hängen.

Zum Schluß noch ein kritischer und ein freundlicher Christbaumtip. Erstens: keine künstliche Spitze. Eine schlechtgewachsene Krone ist keine Entschuldigung, denn man kann ja »seinen« Baum schon lange vor dem Fest liebevoll auswählen und sorgsam aufbewahren. Und eine schöne natürliche Spitze durch einen gläsernen oder funkelnden Spieß zu ersetzen, tut der Harmonie des Wuchses unbedingt Abbruch. Der Baum soll geschmückt, aber nicht verstümmelt werden.

Zweitens: Der Christbaum sollte, wenn es räumlich und sonst irgend geht, in Ruhe im Familienkreise geschmückt werden, und zwar schon am Abend vorher. Vor allem, wenn die Kinder nicht mehr ganz klein sind. Und zum Schluß, wenn er ganz fertig ist, muß eine Überraschung her, irgendein besonders hübscher Schmuck, ein neuer Engel, eine ganz ausnehmend aparte Kugel, aber auf alle Fälle ein Einzelstück, das einen Ehrenplatz am Baum bekommt und ein »Individuum« bleibt, von dem die Kinder, noch wenn sie »große Kinder« geworden sind, sagen: »Schau, unser Engel«.

Winter.

Die Könige

Drei Könige wandern aus Morgenland,
ein Sternlein führt sie zum Jordanstrand,
in Juda fragen und forschen die drei,
wo der neugeborene König sei.
Sie wollen Weihrauch, Myrrhen und Gold
zum Opfer weihen dem Kindlein hold.

Und hell erglänzt des Sternes Schein,
zum Stalle gehen die Könige ein,
das Knäblein schauen sie wonniglich,
anbetend neigen die Könige sich,
sie bringen Weihrauch, Myrrhen und Gold
zum Opfer dar dem Knäblein hold.

O Menschenkind, halte treulich Schritt,
die Kön'ge wandern, o wand're mit!
Der Stern des Friedens, der Gnade Stern
erhelle dein Ziel, wenn du suchest den Herrn;
Und fehlen dir Weihrauch, Myrrhen und Gold,
schenke dein Herz dem Knäblein hold!

Peter Cornelius, 1824–1874

Was soll das bedeuten?

Was soll das bedeuten? Es taget ja schon;
Ich weiß wohl, es geht erst um Mitternacht rum.
Schaut nur daher!
Wie glänzen die Sternlein je länger, je mehr.
Treibt zusammen, treibt zusammen die Schäflein
                                        fürbaß!
Treibt zusammen, treibt zusammen! dort zeig ich
                                        euch was:
Dort in dem Stall
werdt Wunderding sehen, treibt zusammen einmal!

Ich hab nur ein wenig von weitem geguckt,
da hat mir mein Herz schon vor Freuden gehupft:
Ein schönes Kind
liegt dort in der Krippe bei Esel und Rind.
Ein herziger Vater, der steht auch dabei,
ein wunderschön Jungfrau kniet auch auf dem Heu.
Um und um singts,
um und um klingts,
man sieht ja kein Lichtlein, so um und um brinnts.

Das Kindlein, das zittert vor Kälte und Frost,
ich dacht mir: Wer hat es denn also verstoßt,
daß man auch heut
ihm sonst keine andere Herberg anbeut?
So geht und nehmet ein Lämmlein vom Gras
und bringet dem schönen Christkindlein etwas!
Geht nur fein sacht,
auf daß ihr dem Kindlein kein Unruh nicht macht!

Volkslied aus Schlesien

Lied der Hirten an der Krippe

Theodor Storm
an seine Eltern

Heiligenstadt, 20. December 1856

Es wird Weihnachten! Mein ganzes Haus riecht
schon nach braunem Kuchen – versteht sich nach
Mutters Recept – und ich sitze so zu sagen schon
seit einer Woche im Scheine des Tannenbaums. Ja,
wie ich den Nagel meines Daumens besehe, so ist
auch der schon halbwegs vergoldet. Denn ich ar-
beite jetzt Abends nur in Schaumgold, Knittergold
und bunten Bonbonpapieren; und während ich Netze schneide und Tannen- und Fichtenäpfel vergolde,
und die Frauen, d. h. meine Frau und Röschen, Lisbeth's Puppe ausputzen, liest Onkel Otto uns die
»Klausenburg« von Tiek vor, oder gibt hin und
wieder eine Probe aus den Bilderbüchern, die Hans
und Ernst auf den Teller gelegt werden sollen. Gestern Abend habe ich sogar Mandeln und Citronat
für die Weihnachtskuchen schneiden helfen, auch
Kardemom dazu gestoßen und Hirschhornsalz. Den
Vormittag war ich stundenlang auf den Bergen in
den Wäldern herumgeklettert, um die Tannenäpfel
zu suchen. Ja, Ihr hättet mich sogar in meinem dik-
ken Winter-Sürtout hoch oben in einer Tannen-
spitze sehen können. Freilich hatte ich mich vorher
gehörig umgesehen; denn der Herr Kreisrichter
durfte sich doch nicht auf ganz offenbaren Wald-
frevel ertappen lassen.

Jeden morgen, die letzten Tage, kommt der Post-
bote und bringt ein Päckchen oder einen Brief aus
der Heimat oder aus der Fremde von Freunden. Die
Weihnachtszeit ist doch noch grade so schön, wie
sie in meinen Kinderjahren war.

Wenn nur noch der Schnee kommen wollte; wir
wohnen hier so schön einsam zwischen den Bergen,
da müßte der Weihnachtsbaum, wenn er erst brennt,
prächtig in die Winterlandschaft hinausleuchten...

24. December Nachmittag

Den Weihnachtsbaum, der auf der Diele steht und
genau bis an die Decke reicht, habe ich bis auf das
letzte Fädchen ganz allein hergestellt, außerdem eine
schöne Tannenverzierung über dem Sofa, vor welchem nach alter Weise der Teetisch mit den braunen
Kuchen steht ... Die Frauen, da sie nichts dabei getan, haben mir in die Herrlichkeit garnicht hinein
dürfen. Die Teller mit Äpfeln, Nüssen und Kuchen
und sehr leckerem, selbst gebackenem Marzipan, die
sie für Jeden, auch für sich und mich aufgebaut haben, sind ihnen vor der Tür abgenommen. Con-
stanze ist so vergnügt, wie ich sie am Weihnachtsabend
fast noch nicht gesehen habe und auch mir ist friedlich und still zu Mute. Draußen liegt eine wunderschöne Schneelandschaft – es ist äußerst anmutig
hier auf dem stillen Weihnachtskämmerchen.
Jetzt, liebe Mutter, wünsche ich Euch herzlich ver-
gnügte Weihnachten.

Euer Theodor

267

Das Rezept des Hutzelmännleins

»Ihr wißt nicht, wer das Hutzelmännlein war? ... es war der Schutzpatron der Schuhmacher. Aber auch der Erfinder des Hutzelbrots, das man in Schwaben heute noch essen kann. Es wird um Weihnachten herum aus gedörrten Früchten und Mehl gebacken.« Die Legende siedelt das Hutzelbrot, auch Kletzen- oder Klötzenbrot, Schnitzbrot oder schlicht Früchtebrot genannt, im Schwabenländle, genauer gesagt in Stuttgart an. Das Märchen vom Stuttgarter Hutzelmännlein ist alt, und alt ist auch dieses Backwerk, das früher in ärmeren, meist ländlichen Gegenden oft das einzige Besondere fürs Weihnachtsfest war. Getrocknetes Obst und Mehl konnte auch der Geringste noch beschaffen; es war die obligatorische Gabe für Knechte und Mägde und wurde dem Volksbrauch nach am Vorabend des 20. Dezember, in der Thomasnacht, gebacken. Dieser Tag ist der kürzeste des Jahres, die vorhergehende Nacht folglich die längste, es ist zugleich die Zeit der Wintersonnenwende.
Eine besondere Bewandtnis hatte es mit dem Hutzelbrot für Liebesleute: Wenn ein Mädchen einen Burschen anschneiden ließ, war dies das Zeichen ihrer geheimen Zuneigung. In vielen Dörfern galt der Brauch, daß die Mädchen den Namen des jungen Mannes, den sie gern sahen, auf das »Scherzel« ihres Hutzelbrotlaibs schrieben. Er bekam es, mußte dann aber die Spenderin groß zum Essen ausführen und einladen.

In der Lüneburger Heide übrigens hat der heilige Apostel Thomas eine ganz ähnliche Funktion wie der Nikolaus – er beschert den braven Kindern Äpfel, Nüsse und Hutzelbrot.

Einer anderen ländlichen Sitte nach unterbricht beim Hutzelbrotbacken in der Thomasnacht eine Magd die Arbeit, läuft, die Arme noch voll Teig, in den Obstgarten und umarmt die Baumstämme. Das soll fürs nächste Jahr Fruchtbarkeit und reiche Ernte bringen.

»... und statt der Suppe aß er gleich ein tüchtiges Stück Schnitzbrot in währendem Gehen. So etwas hatte er noch niemals über seinen Mund gebracht, wohl aber oft von seiner Großmutter gehört, daß sie einmal in ihrer Jugend bei einer Nachbarsfrau ein Stücklein vom echten bekommen, und daß es eine Ungüte (d. i. ›bsonders gut, ungeheuer gut‹) von Brot sei.« So stehts bei Mörike zu lesen. Und seit Generationen vererben sich auch die Rezepte für das Früchtebrot, das, allerdings nur im Märchen, niemals ausgeht, wenn man immer ein »Ränftlein fingersbreit« übrigbehält. Denn: »Soviel du davon schneidst, so viel wachst immer wieder nach im Ranzen oder Kasten.«

500 Gramm getrocknete Birnen
800 Gramm Rosinen
250 Gramm eingeweichte getrocknete Pflaumen
250 Gramm Feigen
125 Gramm geschälte Pinienkerne
125 Gramm kandierte Orangenschale
250 Gramm Zucker
250 Gramm Mehl

Außerdem: die abgeriebene Schale von zwei Zitronen (ungespritzt), je eine Messerspitze von Anis, Fenchel, Koriander und gestoßenen Nelken. Dazu einen Viertelliter Zwetschgenwasser und 5 Eier.
Die grob geschnittenen Früchte werden mit den Gewürzen und dem Zwetschgenwasser verrührt und dann 24 Stunden stehengelassen. Die fünf Eidotter mit dem Zucker rühren, bis sie schaumig sind, mit den Früchten mischen. Dann das Eiweiß steifschlagen und mit dem Mehl unterrühren. Brote formen. Sie werden mit einem Ei bestrichen und mit Mandeln belegt. Bei guter Mittelhitze die Früchtebrote anderthalb bis zwei Stunden backen.

Still ist die Nacht

Still ist die Nacht; in seinem Zelt geborgen
der Schriftgelehrte späht mit finstern Sorgen,
wann Judas mächtiger Tyrann erscheint.
Dann lüftet er den Vorhang, starrend lange
dem Sterne nach, der streicht des Äthers Wange
wie Freudenzähre, die der Himmel weint.

Und fern vom Zelte, über einem Stalle,
da ist's, als ob aufs niedre Dach er falle,
in tausend Radien sein Licht er gießt:
Ein Meteor! So dachte der Gelehrte,
als langsam er zu seinen Büchern kehrte.
O weißt du, wen das niedre Dach umschließt?

In einer Krippe ruht ein neugeboren,
ein schlummernd Kindlein; wie im Traum verloren
die Mutter knieet, Weib und Jungfrau doch.
Ein ernster, schlichter Mann rückt tief erschüttert
das Lager ihnen; seine Rechte zittert
dem Schleier nahe um den Mantel noch.

Und an der Türe stehn geringe Leute,
mühselge Hirten, doch die Ersten heute,
und von den Lüften klingt es süß und lind,
verlor'ne Töne von der Engel Liede:
Dem Höchsten Ehr und allen Menschen Friede,
die eines guten Willens sind!

Aus » Am Weihnachtstage« von Annette von Droste-Hülshoff, 1797–1848

Der Winter

Der Winter ist ein rechter Mann,
kernfest und auf die Dauer;
Sein Fleisch fühlt sich wie Eisen an.
Er scheut nicht süß noch sauer.

Wenn Stein und Bein vor Frost zerbricht
und Teich' und Seen krachen;
Das klingt ihm gut, das haßt er nicht,
dann will er sich tot lachen. –

Sein Schloß von Eis liegt ganz hinaus
beim Nordpol an dem Strande;
Doch hat er auch ein Sommerhaus
im lieben Schweizerlande.

Da ist er denn bald dort, bald hier,
gut Regiment zu führen,
und wenn er durchzieht, stehen wir
und sehn ihn an und frieren.

Matthias Claudius, 1740–1815

Ihr Kinderlein kommet

Weise: J. A. P. Schulz

Wiegend

Ihr Kin - der - lein kom - met, o kom - met doch all, zur Krip - pe her kom - met in Beth - le - hems Stall. Und seht was in die - ser hoch - hei - li - gen Nacht, der Va - ter im Him - mel für Freu - de uns macht.

O seht in der Krippe im nächtlichen Stall,
seht hier, bei des Lichtleins hellglänzendem Strahl
den lieblichen Knaben, das himmlische Kind,
viel schöner und holder als Engelein sind.

Da liegt es, das Kindlein, auf Heu und auf Stroh.
Maria und Josef betrachten es froh.
Die redlichen Hirten knien betend davor,
hoch oben schwebt jubelnd der Engelein Chor.

O beugt wie die Hirten anbetend die Knie,
erhebet die Hände und danket wie sie.
Stimmt freudig, ihr Kinder, wer wollt' sich nicht freun,
stimmt froh in den Jubel der Engel mit ein!

Christoph von Schmid, 1768-1854

Das Weihnachtsbäumlein

Es war einmal ein Tännelein
mit braunen Kuchenherzelein
und Glitzergold und Äpflein fein
und vielen bunten Kerzlein:
Das war am Weihnachtsfest so grün,
als fing es eben an zu blühn.

Doch nach nicht gar zu langer Zeit,
da stands im Garten unten,
und seine ganze Herrlichkeit
war, ach, dahingeschwunden.
Die grünen Nadeln warn verdorrt,
die Herzlein und die Kerzlein fort.

Bis eines Tags der Gärtner kam,
den fror zuhaus im Dunkeln,
und es in seinen Ofen nahm –
hei! tats da sprühn und funkeln!
Und flammte jubelnd himmelwärts
in hundert Flämmlein an Gottes Herz.

Christian Morgenstern, 1871–1914

Der Tannenbaum

raußen im Walde stand ein niedli-
cher, kleiner Tannenbaum; er hatte
einen guten Platz, Sonne konnte er bekommen, Luft
war genug da, und ringsumher wuchsen viel größere
Kameraden, sowohl Tannen wie Fichten. Aber der
kleine Tannenbaum war nur aufs Wachsen versessen;
er achtete nicht der warmen Sonne und der frischen
Luft, er kümmerte sich nicht um die Bauernkinder,
die da gingen und plauderten, wenn sie herausge-
kommen waren, um Erdbeeren und Himbeeren zu
sammeln.
Oft kamen sie mit einem ganzen Topf voll oder hatten
Erdbeeren auf einen Strohhalm gezogen, dann setzten
sie sich neben den kleinen Tannenbaum und sagten:
»Wie niedlich klein ist der!« Das mochte der Baum
gar nicht hören.

Im nächsten Jahre war er ein ganzes Ende größer,
und das Jahr darauf war er wieder um einen Ansatz
länger; denn bei den Tannenbäumen kann man immer an den vielen Gliedern, die sie haben, sehen, wie
viele Jahre sie gewachsen sind.

»Oh, wäre ich doch so ein großer Baum wie die anderen!« seufzte das kleine Bäumchen. »Dann könnte
ich meine Zweige so weit umher ausbreiten und mit
der Krone in die weite Welt hinausblicken! Die Vögel würden dann Nester zwischen meinen Zweigen
bauen, und wenn der Wind weht, könnte ich so vor-
nehm nicken, gerade wie die andern dort!«

Er hatte gar keine Freude am Sonnenschein, an den
Vögeln und den roten Wolken, die morgens und
abends über ihn hinsegelten.

War es dann Winter und der Schnee lag ringsumher

funkelnd weiß, so kam häufig ein Hase angesprun-
gen und setzte gerade über den kleinen Baum weg.
Oh, das war ärgerlich! Aber zwei Winter vergingen,
und im dritten war das Bäumchen so groß, daß der
Hase drum herumlaufen mußte. »Oh, wachsen,
wachsen, groß und alt werden, das ist doch das ein-
zig Schöne in dieser Welt!« dachte der Baum.

Im Herbst kamen immer Holzhauer und fällten
einige der größten Bäume; das geschah jedes Jahr,
und dem jungen Tannenbaum, der nun ganz gut gewachsen war, schauderte dabei; denn die großen,
prächtigen Bäume fielen mit Knacken und Krachen
zur Erde, die Zweige wurden abgehauen, die Bäume
sahen ganz nackt, lang und schmal aus; sie waren
fast nicht mehr zu erkennen. Aber dann wurden sie
auf Wagen gelegt, und Pferde zogen sie davon, aus
dem Walde hinaus.

Wohin sollten sie? Was stand ihnen bevor?

Im Frühjahr, als die Schwalben und Störche kamen,
fragte sie der Baum: »Wißt ihr nicht, wohin sie ge-
führt wurden? Seid ihr ihnen nicht begegnet?«

Die Schwalben wußten nichts, aber der Storch sah
nachdenklich aus, nickte mit dem Kopfe und sagte:
»Ja, ich glaube wohl; mir begegneten viele neue
Schiffe, als ich aus Ägypten flog; auf den Schiffen
waren prächtige Mastbäume; ich darf annehmen,
daß sie es waren, sie hatten Tannengeruch; ich kann
vielmals grüßen, die tragen ihr Haupt so hoch, so
stolz!«

»Oh, wäre ich doch auch groß genug, um über das
Meer hinfahren zu können! Was ist das eigentlich,
dieses Meer, und wie sieht es aus?«

»Ja, das ist weitläufig zu erklären!« sagte der Storch und damit ging er.

»Freue dich deiner Jugend!« sagten die Sonnenstrahlen; »freue dich deines frischen Wachstums, des jungen Lebens, das in dir ist!«

Und der Wind küßte den Baum, und der Tau weinte Tränen über ihn, aber das verstand der Tannenbaum nicht.

Wenn es gegen die Weihnachtszeit ging, wurden ganz junge Bäume gefällt, Bäume, die oft nicht einmal so groß oder so alt wie unser Tannenbaum waren, der weder Rast noch Ruhe hatte, sondern immer davon wollte; diese jungen Bäume, und es waren gerade die allerschönsten, behielten immer alle ihre Zweige; sie wurden auf Wagen gelegt und Pferde zogen sie von dannen zum Walde hinaus.

»Wohin sollen diese?« fragte der Tannenbaum. »Sie sind nicht größer als ich, einer ist sogar viel kleiner; weswegen behalten sie alle ihre Zweige? Wohin fahren sie?«

»Das wissen wir! Das wissen wir!« zwitscherten die Sperlinge. »Unten in der Stadt haben wir in die

Fenster gesehen! Wir wissen wohin sie fahren! Oh,
sie gelangen zur größten Pracht und Herrlichkeit,
die man sich denken kann! Wir haben in die Fenster
geguckt, und da sahen wir, daß sie mitten in der
warmen Stube aufgepflanzt und mit den schönsten
Sachen, vergoldeten Äpfeln, Honigkuchen, Spielzeug und vielen hundert Lichtern geschmückt werden.«

»Und dann?« fragte der Tannenbaum und bebte in
allen Zweigen. »Und dann? Was geschieht dann?«

»Ja, mehr haben wir nicht gesehen! Das war unver-
gleichlich schön!«

»Ob ich wohl bestimmt bin, diesen strahlenden
Weg zu betreten?« jubelte der Tannenbaum. »Das
ist noch besser, als über das Meer zu ziehen! Ach,
wie ich mich sehne! Wäre es doch Weihnachten!
Nun bin ich hoch und entfaltet wie die anderen, die
im vorigen Jahre davongeführt wurden! Oh, wäre
ich erst auf dem Wagen, wäre ich doch in der warmen Stube mit all' der Pracht und Herrlichkeit! Und
dann? Ja, dann kommt noch etwas Besseres, noch
Schöneres, warum würden sie mich sonst so schmük-
ken? Es muß da noch etwas Größeres, Herrlicheres
kommen! Aber was? Oh, ich leide, ich sehne mich,
ich weiß selbst nicht, wie es mir ist!«

»Freue dich unser!« sagten die Luft und das Sonnen-
licht; »freue dich deiner frischen Jugend im Freien!«
Aber er freute sich durchaus nicht; er wuchs und
wuchs, Winter und Sommer stand er grün; dunkel-
grün stand er da; die Leute, die ihn sahen, sagten:
»Das ist ein schöner Baum!« und zur Weihnachtszeit wurde er von allen zuerst gefällt. Die Axt hieb

tief durch das Mark; der Baum fiel mit einem Seufzer zu Boden, er fühlte einen Schmerz, eine Ohn-
macht, er konnte gar nicht an irgendein Glück denken, er war betrübt, von der Heimat scheiden zu
müssen, von dem Flecke, auf dem er emporgeschos-
sen war; er wußte ja, daß er die lieben alten Kameraden, die kleinen Büsche und Blumen ringsumher
nie mehr sehen werde, ja vielleicht nicht einmal die
Vögel. Die Abreise hatte durchaus nichts Behag-
liches.

Der Baum kam erst wieder zu sich selbst, als er im
Hofe mit anderen Bäumen abgeladen war und einen
Mann sagen hörte: »Der hier ist prächtig! Wir brau-
chen nur den!«

Nun kamen zwei Diener im vollen Staat und trugen
den Tannenbaum in einen großen, schönen Saal.
Ringsherum an den Wänden hingen Bilder, und bei
dem großen Kachelofen standen große chinesische
Vasen mit Löwen auf den Deckeln; da waren Schau-
kelstühle, seidene Sofas, große Tische voll von Bilderbüchern und Spielzeug für hundertmal hundert
Taler; wenigstens sagten das die Kinder. Der Tannenbaum wurde in ein großes, mit Sand gefülltes
Faß gestellt, aber niemand konnte sehen, daß es ein
Faß war, denn es wurde rundherum mit grünem
Zeug behängt und stand auf einem großen, bunten
Teppich. Oh, wie der Baum bebte! Was würde nun
noch kommen? Diener und Fräulein gingen hin und
wieder und schmückten ihn. An einen Zweig häng-
ten sie kleine Netze, aus farbigem Papier ausgeschnitten, jedes Netz war mit Zuckerwerk gefüllt;
vergoldete Äpfel und Walnüsse hingen herab, als

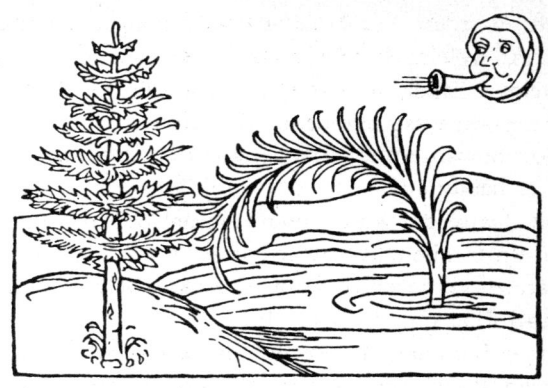

wären sie festgewachsen, und über hundert rote, blaue und weiße kleine Lichter wurden in den Zweigen festgesteckt. Puppen, die leibhaftig wie Menschen aussahen – der Baum hatte so etwas noch nie gesehen – schwebten im Grünen, und hoch oben in der Spitze wurde ein Stern von Flittergold befestigt. »Heute abend«, sagten alle, »heute abend wird er strahlen!«

»Oh«, dachte der Baum, »wäre es doch Abend! Würden nur die Lichter bald angezündet! Und was dann wohl geschieht? Ob da wohl Bäume aus dem Walde kommen, mich zu sehen? Ob die Sperlinge gegen die Fensterscheiben fliegen? Ob ich hier festwachse und Winter und Sommer geschmückt stehen werde?«

Ja, er wußte gut Bescheid; aber er hatte ordentlich Borkenschmerzen vor lauter Sehnsucht, und Borkenschmerzen sind für einen Baum ebenso schlimm wie Kopfschmerzen für uns andere.

Nun wurden die Lichter angezündet. Welcher Glanz, welche Pracht! Der Baum bebte in allen Zweigen dabei, so daß eins der Lichter das Grüne anbrannte; es sengte ordentlich.

»Gott bewahre uns!« schrien die Fräulein und löschten es hastig aus.

Nun durfte der Baum nicht einmal beben. Oh, das war ein Grauen. Ihm war bange, etwas von seinem Staate zu verlieren; er war ganz betäubt von all dem Glanze. Da gingen beide Flügeltüren auf, und eine Menge Kinder stürzten herein, als wollten sie den ganzen Baum umwerfen, die älteren Leute kamen bedächtig nach; die Kleinen standen ganz stumm, aber nur einen Augenblick, dann jubelten sie wieder, daß es laut schallte, sie tanzten um den Baum herum, und ein Geschenk nach dem anderen wurde abgepflückt.

»Was machen sie?« dachte der Baum. »Was soll geschehen?« Die Lichter brannten gerade bis auf die Zweige herunter, und je nachdem sie niederbrannten, wurden sie ausgelöscht, und dann erhielten die Kinder die Erlaubnis, den Baum zu plündern. Oh, sie stürzten auf ihn los, daß es in allen Zweigen knackte; wäre er nicht mit der Spitze und mit dem Goldsterne an der Decke festgemacht gewesen, so wäre er umgestürzt.

Die Kinder tanzten mit ihrem prächtigen Spielzeug herum, niemand sah nach dem Baume, ausgenommen das alte Kindermädchen, welches kam und zwischen die Zweige blickte; aber es geschah nur, um zu sehen, ob nicht noch eine Feige oder ein Apfel vergessen sei.

»Eine Geschichte, eine Geschichte!« riefen die Kinder und zogen einen kleinen, dicken Mann gegen den Baum hin, und er setzte sich gerade darunter, »denn so sind wir im Grünen«, sagte er, »und der Baum kann nur Vorteil davon haben, wenn er zuhört! Aber ich erzähle nur eine Geschichte. Wollt ihr die von Ivede-Avede oder die von Klumpe-Dumpe hören, der die Treppe hinunterfiel und doch erhöht wurde und die Prinzessin erhielt?«

»Ivede-Avede!« schrien einige, »Klumpe-Dumpe!« schrien andere.

Das war ein Rufen und Schreien! Nur der Tannenbaum schwieg ganz still und dachte: »Soll ich gar nicht mit dabei sein, gar nichts dabei zu tun haben?« Er war ja mit dabei gewesen, hatte ja getan, was er tun sollte.

Der Mann erzählte von Klumpe-Dumpe, welcher die Treppe hinunterfiel und doch erhöht wurde und die Prinzessin erhielt.

Und die Kinder klatschten in die Hände und riefen: »Erzähle, erzähle!« Sie wollten auch die Geschichte

von Ivede-Avede hören, aber sie bekamen nur die
von Klumpe-Dumpe. Der Tannenbaum stand ganz
stumm und gedankenvoll, nie hatten die Vögel im
Walde dergleichen erzählt. »Klumpe-Dumpe fiel die
Treppe hinunter und bekam doch die Prinzessin!
Ja, ja, so geht es in der Welt zu!« dachte der Tannenbaum und glaubte, daß es wahr sei, weil es ein
so netter Mann war, der es erzählte. »Ja, ja! Vielleicht falle ich auch die Treppe hinunter und bekomme eine Prinzessin!« Und erfreute sich, den
nächsten Tag wieder mit Lichtern und Spielzeug,
Gold und Früchten aufgeputzt zu werden.
»Morgen werde ich nicht zittern!« dachte er. »Ich
will mich recht meiner Herrlichkeit freuen. Morgen
werde ich wieder die Geschichte von Klumpe-
Dumpe und vielleicht auch die von Ivede-Avede
hören.«
Und der Baum stand die ganze Nacht still und gedankenvoll.

Am Morgen kamen die Diener und das Mädchen herein.

»Nun beginnt der Staat aufs neue!« dachte der Baum; aber sie schleppten ihn zum Zimmer hinaus, die Treppe hinauf, auf den Boden, und stellten ihn in einen dunklen Winkel, wohin kein Tageslicht schien. »Was soll das bedeuten?« dachte der Baum. »Was soll ich hier wohl machen? Was soll ich hier wohl hören?« Er lehnte sich gegen die Mauer und dachte und dachte. Und er hatte Zeit genug, denn es vergingen Tage und Nächte; niemand kam herauf, und als endlich jemand kam, so geschah es, um einige große Kasten in den Winkel zu stellen; der Baum stand ganz versteckt, man mußte glauben, daß er ganz vergessen war.

»Nun ist es Winter draußen!« dachte der Baum. »Die Erde ist hart und mit Schnee bedeckt, die Menschen können mich nicht pflanzen; deshalb soll ich wohl bis zum Frühjahr hier im Schutz stehen! Wie wohl bedacht ist das! Wie die Menschen doch so gut sind! Wäre es hier nur nicht so dunkel und schrecklich einsam! Nicht einmal ein kleiner Hase! Das war doch niedlich da draußen im Walde, wenn der Schnee lag und der Hase vorbeisprang, ja selbst als er über mich hinwegsprang; aber damals mochte ich es nicht leiden. Hier oben ist es doch schrecklich einsam!«

»Piep, piep!« sagte da eine kleine Maus und huschte hervor; und dann kam noch eine kleine. Sie beschnupperten den Tannenbaum und dann schlupften sie zwischen seine Zweige.

»Es ist eine greuliche Kälte!« sagten die kleinen

Mäuse. »Sonst ist hier gut sein; nicht wahr, du alter Tannenbaum?«

»Ich bin gar nicht alt!« sagte der Tannenbaum; »es gibt viele, die weit älter sind denn ich!«

»Woher kommst du«, fragten die Mäuse, »und was weißt du?« Sie waren gewaltig neugierig. »Erzähle uns doch von dem schönsten Ort auf Erden! Bist du dort gewesen? Bist du in der Speisekammer gewesen, wo Käse auf den Brettern liegen und Schinken unter der Decke hängen, wo man auf Talglicht tanzt, mager hineingeht und fett herauskommt?«

»Das kenne ich nicht«, sagte der Baum; »aber den Wald kenne ich, wo die Sonne scheint und die Vögel singen!« Und dann erzählte er alles aus seiner Jugend, die kleinen Mäuse hatten früher nie dergleichen gehört, und sie horchten auf und sagten: »Wie viel du gesehen hast! Wie glücklich du gewesen bist!«

»Ich?« sagte der Tannenbaum und dachte über das, was er selbst erzählte, nach. »Ja, es waren im Grunde ganz fröhliche Zeiten!« Aber dann erzählte er vom Weihnachtsabend, wo er mit Kuchen und Lichtern geschmückt war.

»Oh!« sagten die kleinen Mäuse, »wie glücklich du gewesen bist, du alter Tannenbaum!«

»Ich bin gar nicht alt!« sagte der Baum; »erst in diesem Winter bin ich vom Walde gekommen! Ich bin in meinem allerbesten Alter, ich bin nur so aufgeschossen.«

»Wie schön du erzählst!« sagten die kleinen Mäuse, und in der nächsten Nacht kamen sie mit vier anderen kleinen Mäusen, die den Baum erzählen hören sollten, und je mehr er erzählte, desto deutlicher erinnerte er sich selbst an alles und dachte: »Es waren doch ganz fröhliche Zeiten! Aber sie können wiederkommen, können wiederkommen! Klumpe-Dumpe fiel die Treppe hinunter und erhielt doch die Prinzessin; vielleicht kann ich auch eine Prinzessin bekommen.« Und dann dachte der Tannenbaum an eine kleine niedliche Birke, die draußen im Walde wuchs; das war für den Tannenbaum eine wirkliche schöne Prinzessin.

»Wer ist Klumpe-Dumpe?« fragten die kleinen Mäuse. Da erzählte der Tannenbaum das ganze Märchen, er konnte sich jedes einzelnen Wortes entsinnen; die kleinen Mäuse waren aus reiner Freude bereit, bis an die Spitze des Baumes zu springen. In der folgenden Nacht kamen weit mehr Mäuse und am Sonntage sogar zwei Ratten, aber die meinten, die Geschichte sei nicht hübsch, und das betrübte die kleinen Mäuse, denn nun hielten sie auch weniger davon.

»Wissen Sie nur die eine Geschichte?« fragten die Ratten.

»Nur die eine«, antwortete der Baum; »die hörte ich an meinem glücklichsten Abend, aber damals dachte ich nicht daran, wie glücklich ich war.«

»Das ist eine höchst jämmerliche Geschichte! Kennen Sie keine von Speck und Talglicht? Keine Speisekammergeschichte?«

»Nein!« sagte der Baum.

»Ja, dann danken wir dafür!« erwiderten die Ratten und gingen zu den Ihrigen zurück.

Die kleinen Mäuse blieben zuletzt auch weg, und da seufzte der Baum: »Es war doch ganz hübsch, als sie um mich herum saßen, die beweglichen kleinen Mäuse, und zuhörten, wie ich erzählte! Nun ist auch das vorbei. Aber ich werde daran denken, mich zu freuen, wenn ich wieder hervorgenommen werde.«

Aber wann geschah das? Ja, es war eines Morgens, da kamen Leute und wirtschafteten auf dem Boden; die Kasten wurden weggesetzt, der Baum wurde hervorgezogen; sie warfen ihn freilich ziemlich hart gegen den Fußboden, aber ein Diener schleppte ihn gleich nach der Treppe hin, wo der Tag leuchtete.

»Nun beginnt das Leben wieder!« dachte der Baum; er fühlte die frische Luft, die ersten Sonnenstrahlen, und nun war er draußen im Hofe. Alles ging geschwind, der Baum vergaß völlig, sich selbst zu betrachten, da war so vieles ringsumher zu sehen. Der Hof stieß an einen Garten, und alles blühte darin, die Rosen hingen frisch und duftend über das kleine Gitter hinaus, die Lindenbäume blühten, und die Schwalben flogen umher und sagten: »Quirrevirre-vit, mein Mann ist gekommen!« Aber es war nicht der Tannenbaum, den sie meinten.

»Nun werde ich leben!« jubelte er und breitete seine Zweige weit aus; aber ach, die waren alle vertrocknet und gelb; und er lag da zwischen Unkraut und Nesseln. Der Stern von Goldpapier saß noch oben in der Spitze und glänzte im hellen Sonnenschein. Im Hofe selbst spielten ein paar der munteren Kinder, die zur Weihnachtszeit den Baum umtanzt hatten und so froh über ihn gewesen waren. Eins der kleinsten lief hin und riß den Goldstern ab.
»Sieh, was da noch an dem häßlichen, alten Tannenbaum sitzt!« sagte es und trat auf die Zweige, so daß sie unter seinen Stiefeln knackten.

Der Baum sah auf all die Blumenpracht und Frische im Garten, er betrachtete sich selbst und wünschte, daß er in seinem dunklen Winkel auf dem Boden geblieben wäre; er gedachte seiner frischen Jugend im Walde, des lustigen Weihnachtsabends und der kleinen Mäuse, die so munter die Geschichte von Klumpe-Dumpe angehört hatten.

»Vorbei, vorbei!« sagte der arme Baum. »Hätte ich mich doch gefreut, als ich es noch konnte! Vorbei, vorbei!«

Der Diener kam und hieb den Baum in kleine Stükke, ein ganzes Bund lag da; hell flackerte es auf unter dem großen Braukessel. Der Baum seufzte tief und jeder Seufzer war einem kleinen Schusse gleich; deshalb liefen die Kinder, die da spielten, herbei und setzten sich vor das Feuer, blickten hinein und riefen: »Piff, paff!« Aber bei jedem Knalle, der ein tiefer Seufzer war, dachte der Baum an einen Sommerabend im Walde oder an eine Winternacht da draußen, wenn die Sterne funkelten; er dachte an den Weihnachtsabend und an Klumpe-Dumpe, das einzige Märchen, welches er gehört hatte und zu erzählen wußte – und dann war der Baum verbrannt. Die Knaben spielten im Garten, und der kleinste hatte den Goldstern auf der Brust, den der Baum an seinem glücklichsten Abend getragen: nun war der vorbei, und mit dem Baum war es auch vorbei und mit der Geschichte auch; vorbei, vorbei, und so geht es mit allen Geschichten!

Hans Christian Andersen

Rätsel

Ich kenne ein Bäumchen gar fein
und zart,
das trägt euch Früchte seltener Art.
Es funkelt und leuchtet mit hellem
Schein
weit in des Winters Nacht hinein.
Das sehen die Kinder und freuen
sich sehr
und pflücken vom Bäumchen
und pflücken es leer.

Volksgut

Leise rieselt der Schnee

Leise rieselt der Schnee,
still und starr liegt der See,
weihnachtlich glänzet der Wald:
Freue dich, Christkind kommt bald!

Bald ist heilige Nacht,
Chor der Engel erwacht;
hört nur, wie lieblich es schallt:
Freue dich, Christkind kommt bald!

In den Herzen ist's warm,
still schweigt Kummer und Harm,
Sorge des Lebens verhallt:
Freue dich, Christkind kommt bald!

Eduard Ebel

Friede auf Erden

Da die Hirten ihre Herde
ließen und des Engels Worte
trugen durch die niedre Pforte
zu der Mutter und dem Kind,
fuhr das himmlische Gesind
fort im Sternenraum zu singen,
fuhr der Himmel fort zu klingen:
»Friede, Friede! auf der Erde!«

Seit die Engel so geraten,
o wie viele blutge Taten
hat der Streit auf wildem Pferde,
der geharnischt, vollbracht!
In wie mancher heilgen Nacht
sang der Chor der Geister zagend,
dringlich flehend, leis verklagend:
»Friede, Friede ... auf der Erde!«

Doch es ist ein ewger Glaube,
daß der Schwache nicht zum Raube
jeder frechen Mordgebärde
werde fallen allezeit:
Etwas wie Gerechtigkeit
webt und wirkt in Mord und Grauen,
und ein Reich will sich erbauen,
das den Frieden sucht der Erde.

Mählich wird es sich gestalten,
seines heilgen Amtes walten,
Waffen schmieden ohne Fährde,
Flammenschwerter für das Recht,
und ein königlich Geschlecht
wird erblühn mit starken Söhnen,
dessen helle Tuben dröhnen:
Friede, Friede auf der Erde!

Conrad Ferdinand Meyer, 1825–1898

Christnacht

eil'ge Nacht, auf Engelsschwingen,
nahst du leise dich der Welt;
und die Glocken hör' ich klingen
und die Fenster sind erhellt.
Selbst die Hütte trieft von Segen,
und der Kindlein froher Dank
jauchzt dem Himmelskind entgegen,
und ihr Stammeln wird Gesang.

Mit der Fülle süßer Lieder,
mit dem Glanz um Tal und Höh'n,
Heil'ge Nacht, so kehrst du wieder,
wie die Welt dich einst gesehn –
da die Palmen lauter rauschten,
und, versenkt in Dämmerung,
Erd' und Himmel Worte tauschten,
Worte der Verkündigung. –

Da, mit Purpur übergossen,
aufgetan von Gottes Hand,
alle Himmel sich erschlossen,
glänzend über Meer und Land –
da, den Frieden zu verkünden,
sich der Engel niederschwang,
auf den Höhen, in den Gründen
die Verheißung widerklang. –

Da, der Jungfrau Sohn zu dienen,
Fürsten aus dem Morgenland
in der Hirten Kreis erschienen,
Gold und Myrrhen in der Hand –
da mit seligem Entzücken
sich die Mutter niederbog,
sinnend aus des Kindes Blicken
nie gefühlte Freude sog.

Heil'ge Nacht, mit tausend Kerzen
steigst du feierlich herauf,
oh, so geh in unsern Herzen,
Stern des Lebens, geh uns auf!
Schau, im Himmel und auf Erden,
glänzt der Liebe Rosenschein!
Friede soll's noch einmal werden
und die Liebe König sein!

Robert Prutz, 1816–1872

Heilige Nacht

Der Mensch war Gottes Bild.
Weil dieses Bild verloren,
wird Gott, ein Menschenbild,
in dieser Nacht geboren.

Andreas Gryphius, 1616–1664

Worüber das Christkind
lächeln mußte

Von Heinrich Waggerl

Als Josef mit Maria von Nazareth her unterwegs
war, um in Bethlehem anzugeben, daß er von David
abstamme, was die Obrigkeit so gut wie unsereins
hätte wissen können, weil es ja längst geschrieben
stand, – um jene Zeit also kam der Engel Gabriel
heimlich noch einmal vom Himmel herab, um im

298

Stalle nach dem Rechten zu sehen. Es war ja sogar
für einen Erzengel in seiner Erleuchtung schwer zu
begreifen, warum es nun der allererbärmlichste Stall
sein mußte, in dem der Herr zur Welt kommen sollte,
und seine Wiege nichts weiter als eine Futterkrippe.
Aber Gabriel wollte wenigstens noch den Winden
gebieten, daß sie nicht gar zu grob durch die Ritzen
pfiffen, und die Wolken am Himmel sollten nicht
gleich wieder in Rührung zerfließen und das Kind
mit ihren Tränen überschütten, und was das Licht
in der Laterne betraf, so mußte man ihm noch einmal einschärfen, nur bescheiden zu leuchten und
nicht etwa zu blenden und zu glänzen wie der Weihnachtsstern.

Der Erzengel stöberte auch alles kleine Getier aus
dem Stall, die Ameisen und Spinnen und die Mäuse,
es war nicht auszudenken, was geschehen konnte,
wenn sich die Mutter Maria vielleicht vorzeitig über
eine Maus entsetzte! Nur Esel und Ochs durften
bleiben, der Esel, weil man ihn später ohnehin für
die Flucht nach Ägypten zur Hand haben mußte,
und der Ochs, weil er so riesengroß und so faul war,
daß ihn alle Heerscharen des Himmels nicht hätten
von der Stelle bringen können.

Zuletzt verteilte Gabriel noch eine Schar Engelchen
im Stall herum auf den Dachsparren, es waren solche
von der kleinen Art, die fast nur aus Kopf und Flügeln bestehen. Sie sollten ja auch bloß still sitzen und
achthaben und sogleich Bescheid geben, wenn dem
Kinde in seiner nackten Armut etwas Böses drohte.
Noch ein Blick in die Runde, dann hob der Mächtige seine Schwingen und rauschte davon.

Gut so. Aber nicht ganz gut, denn es saß noch ein
Floh auf dem Boden der Krippe in der Streu und
schlief. Dieses winzige Scheusal war dem Engel
Gabriel entgangen, versteht sich, wann hatte auch
ein Erzengel je mit Flöhen zu tun!

Als nun das Wunder geschehen war, und das Kind
lag leibhaftig auf dem Stroh, so voller Liebreiz und
so rührend arm, da hielten es die Engel unterm
Dach nicht mehr aus vor Entzücken, sie umschwirr-
ten die Krippe wie ein Flug Tauben. Etliche fächel-
ten dem Knaben balsamische Düfte zu und die anderen zupften und zogen das Stroh zurecht, damit
ihn ja kein Hälmchen drücken oder zwicken möchte.
Bei diesem Geraschel erwachte aber der Floh in der

Streu. Es wurde ihm gleich himmelangst, weil er dachte, es sei jemand hinter ihm her, wie gewöhnlich. Er fuhr in der Krippe herum und versuchte alle seine Künste und schließlich, in der äußersten Not, schlüpfte er dem göttlichen Kinde ins Ohr.

»Vergib mir!« flüsterte der atemlose Floh, »aber ich kann nicht anders, sie bringen mich um, wenn sie mich erwischen. Ich verschwinde gleich wieder, göttliche Gnaden, laß mich nur sehen, wie!«

Er äugte also umher und hatte auch gleich seinen Plan. »Höre zu«, sagte er, »wenn ich alle Kraft zusammennehme, und wenn du still hältst, dann könnte ich vielleicht die Glatze des Heiligen Josef erreichen, und von dort weg kriege ich das Fensterkreuz und die Tür ...«

»Spring nur!« sagte das Jesuskind unhörbar, »ich halte stille!«

Und da sprang der Floh. Aber es ließ sich nicht vermeiden, daß er das Kind ein wenig kitzelte, als er sich zurechtrückte und die Beine unter den Bauch zog.

In diesem Augenblick rüttelte die Mutter Gottes ihren Gemahl aus dem Schlaf.

»Ach, sieh doch!« sagte Maria selig, »es lächelt schon!«

Morgen, Kinder, wirds was geben!

Morgen, Kinder, wirds was geben
morgen werden wir uns freu'n.
Welch ein Jubel, welch ein Leben
wird in unserm Hause sein!
Einmal werden wir noch wach,
heißa! Dann ist Weihnachtstag.

Wie wird dann die Stube glänzen
von der großen Lichterzahl!
Schöner als bei frohen Tänzen
ein geputzter Kronensaal.
Wißt ihr noch, wie vor'ges Jahr
es am heil'gen Abend war?

Was für wunderschöne Sachen
bringt euch dann der Weihnachtsmann!
Eure Freude, euer Lachen
klingt wie Engelsjubel dann.
Dem, der brav und dankbar ist
lächelt froh der heil'ge Christ.

C. G. Hering, 1766–1853

Praktisches vom Christbaum

hristbaumschmücken, Basteln für den Schmuck, der Glanz des Weihnachtsabends mit Kerzen und Tannenduft – neben all dem oder besser: für all das muß schon eine ganze Weile vor dem Vierundzwanzigsten vorgesorgt werden.

Gleichgültig, ob Sie sich für eine repräsentative Blautanne, die einfache Fichte, die aparte Zotteltanne oder die widerstandsfähige Douglastanne entschieden haben, der Baum braucht Feuchtigkeit. Gleich nach dem Kauf sollte er deshalb ganz mit lauwarmem Wasser abgespritzt werden, dabei wird er zugleich auch sauber. Dann kommt er mit dem Fuß in einen Eimer mit einer Mischung aus zwei Dritteln Wasser und einem Drittel Glyzerin oder in feuchten Sand. Sägen Sie den Stamm zuvor zwei bis drei Zentimeter ab und stellen Sie den Baum kühl (Balkon, Garage). Es gibt auch Christbaumständer, die mit einer Mischung aus Glyzerin und Wasser gefüllt werden können.

Beim Schmücken fängt man immer oben an, dasselbe gilt für's Anzünden der Kerzen. Damit herabtropfendes Wachs nicht auf den Teppich fällt, breitet man rings um den Baum starkes Papier (Goldpapier) aus und legt Tannenzweige darüber. Diese Tannenzweige »verlängern« den Christbaum optisch, wenn sie seinem Wuchs entsprechend mit den Astspitzen nach außen um den Stamm herumgelegt werden.

Sollte trotzdem Wachs auf den Teppich gekommen sein: ein dickes Löschpapier darauflegen und mit dem heißen Bügeleisen darüberfahren. Das Papier saugt dann das flüssig gewordene Wachs auf. Falls Wachs auf die Glaskugeln gespritzt ist, werden diese mit einem gut angewärmten, fast heißen Tuch (Backofen!) vorsichtig abgerieben. Kein heißes Wasser verwenden und auch nicht abkratzen, sonst löst sich mit dem Wachs auch die Farbe oder Vergoldung. Falls tatsächlich eine Glaskugel herunterfällt und kaputtgeht, so nehmen Sie die feinen Splitter von Teppich oder Tischdecke mit einem feuchten Wattebausch auf.

Was ist zu tun, wenn der Christbaum brennt? Zunächst: Um das zu vermeiden, stelle man ihn von Gardinen und Vorhängen entfernt möglichst frei im Zimmer auf. Wichtig ist, daß für guten Stand gesorgt ist. Einem ungleich gewachsenen Baum, der deshalb zu kippen droht, kann man einen Ast einsetzen. Auch mit dem Ständer läßt sich das Gleichgewicht ausgleichen. Brennbarer Schmuck, Strohsterne vor allem oder Rauschgoldengel und Holzfiguren, dürfen nie zu dicht über Kerzen hängen. Man darf sich da nicht täuschen: Die Hitze der Kerze wird nach oben immer stärker; deshalb brauchen die Kerzen auch Abstand vom nächsthöheren Ast. Durch die ständige Wärme kann er sonst nämlich leicht dürr werden und Feuer fangen. Also: Kerzen grundsätzlich nur auf freistehende Äste stecken.

Ein Wassereimer und ein feuchter Lappen müssen immer bei der Hand sein, wenn Sie die Kerzen Ihres Baumes anzünden. Falls ein Ast oder Zweig zu brennen anfängt, kann das Feuer mit dem Lappen erstickt werden. Wenn der Brand auf den ganzen Baum übergreift, muß mit vollen Eimern gelöscht werden. Besonders vorsichtig sollte man um Silvester herum sein. Selten brennen Christbäume nämlich am Heiligen Abend, wenn sie noch verhältnismäßig frisch aus der Garage oder vom Balkon kommen. Erst wenn sie mehrere Tage der warmen Zimmertemperatur ausgesetzt sind, fangen sie an zu nadeln.

Morgen kommt der Weihnachtsmann

Morgen kommt der Weihnachtsmann,
kommt mit seinen Gaben.
Puppen, Pferdchen, Sang und Spiel
und auch sonst der Freude viel,
ja, o welch ein Glücksgefühl,
könnt ich alles haben.

Bitte, lieber Weihnachtsmann,
denk an uns und bringe
Äpfel, Nüsse, Plätzchen mir,
Zottelbär und Panthertier,
Roß und Esel, Schaf und Stier,
lauter schöne Dinge.

Doch du weißt ja unsern Wunsch,
kennst ja unsre Herzen.
Kinder, Vater und Mama,
ja sogar der Großpapa,
alle, alle sind wir da,
warten dein mit Schmerzen.

Morgen kommt der Weihnachtsmann,
kommt mit seinen Gaben.
Puppen, Pferdchen, Sang und Spiel
und auch sonst der Freude viel.
Ja, o welch ein Glücksgefühl,
könnt ich alles haben.

Heinrich Hoffmann von Fallersleben, 1798-1874

Weihnachtslied.

O du fröhliche,
O du selige,
Gnadenbringende Weihnachtszeit!
Welt ging verloren,
Christ ist geboren:
Freue, freue dich, o Christenheit!

Schlafendes Jesuskind

Sohn der Jungfrau, Himmelskind! Am Boden
auf dem Holz der Schmerzen eingeschlafen,
das der fromme Meister, sinnvoll spielend,
deinen leichten Träumen unterlegte;
Blume du, noch in der Knospe dämmernd
eingehüllt, die Herrlichkeit des Vaters!
O wer sehen könnte, welche Bilder
hinter dieser Stirne, diesen schwarzen
Wimpern, sich in sanftem Wechsel malen.

Eduard Mörike, 1804–1875

Die Mutter am Christabend

Er schläft, er schläft! Das ist einmal ein Schlaf!
So recht, du lieber Engel du!
Tu mir die Lieb' und lieg' in Ruh,
Gott gönnt es meinem Kind im Schlaf!

Erwach' mir nicht, ich bitt', ich bitt'!
Die Mutter geht mit stillem Tritt,
sie geht mit zartem Muttersinn,
und holt den Baum zur Kammer hin.

Was häng' ich dir denn an?
'nen Pfefferkuchenmann,
ein Kätzelchen, ein Spätzelchen,
und Blumen bunt und süß und weich,
und alles ist von Zuckerteig.

Genug, du Mutterherz!
Viel Süßigkeit bringt Schmerz.
Gib sparsam wie der liebe Gott.
Tagtäglich nützt kein Zuckerbrot.

Jetzt rote Äpfel her,
die schönsten, die ich haben kann!
Es ist auch nicht ein Fleckchen dran,
wer hat sie schöner, wer?
's ist wahr, es ist 'ne Pracht,
was so ein Apfel lacht.

Der Zuckerbäcker wär ein Mann,
der solche Äpfel machen kann!
Den hat nur Gott gemacht.
Was hab' ich denn noch mehr?

Ein Tüchelchen, hübsch weiß und rot,
es ist eins von den schönen,
o Kind, vor bittren Tränen
bewahr' dich Gott, bewahr' dich Gott!

Was häng' ich sonst nocht hin?
Dies Büchlein, Kind, ist auch noch dein,
da leg' ich Bilder dir hinein,
Gebete sind von selber drin.

Jetzt wär' genug wohl da? –
Jetzt hast du alles Gute –
der Tausend! Ja, 'ne Rute,
die fehlte noch, da ist sie ja!

Vielleicht – sie freut dich nicht,
vielleicht – sie schlägt die Haut dir wund,
so manchem war es schon gesund,
sei gut, so schlägt sie nicht.

Jetzt wär' er ausstaffiert,
wie'n Kirmesbaum geziert.
Dann heißt es, wann der Tag erwacht,
Das Christkind hat den Baum gebracht.

Rief da der Wächter nicht
schon elf? Wie doch die Zeit verrinnt!
Man merkt die Stunden nicht,
Wenn's Herz an etwas Nahrung findt.

Jetzt – Gott behüte dich,
ein ander Mal denn mehr!
Heut' war es, wo der heil'ge Christ
ein Kind wie du geworden ist.
Werd' auch so brav wie er!

Johann Peter Hebel, 1760–1826

Am Tag vor Weihnachten

Nur noch einmal wird es dunkel,
nur noch einmal wird es Nacht.
Wird es wieder Abend werden,
hat Knecht Ruprecht was gebracht.

Aus dem Walde wird er kommen,
wo verschneite Tannen stehn,
und sechs große zahme Hirsche
sind vor dem Gefährt zu sehn.

Glocken klingen, und der Schlitten
ist bis obenhin bepackt.
Ach, was hat der gute Alte
für die Kinder eingesackt!

Äpfel, Nüsse und Rosinen,
Kuchen, Kekse, Marzipan,
Engelshaar und Mandarinen,
Hampelmann und Eisenbahn.

Weißt du noch vom letzten Jahre,
als der Tannenbaum gebrannt,
wie es war, als lang erwartet
in der Tür Knecht Ruprecht stand?

Nur noch einmal wird es dunkel,
nur noch einmal wird es Nacht.
Wird es wieder Abend werden,
hat Knecht Ruprecht was gebracht.

Bruno Horst Bull

Stille Nacht

Weise: Franz Gruber

Zart und beschwingt

Stil - le Nacht, hei - li - ge Nacht! Al - les schläft,

ein - sam wacht nur das trau - te, hoch hei - li - ge Paar;

hol - der Kna - be im lok - ki - gen Haar, schlaf in himm - li - scher

Ruh, _____ schlaf __ in himm - li - scher Ruh!

Stille Nacht, heilige Nacht!
Hirten erst kundgemacht,
durch der Engel Halleluja
tönt es laut von fern und nah:
Christ, der Retter, ist da,
Christ, der Retter, ist da.

Stille Nacht, heilige Nacht!
Gottes Sohn, o wie lacht
Lieb' aus deinem göttlichen Mund,
da uns schlägt die rettende Stund,
Christ, in deiner Geburt,
Christ, in deiner Geburt!

Johannes Mohr, 1792–1848

 ## Vom Volksbrauch zu Weihnachten

itten in der dunkelsten Zeit des Jahres, wenn Winternot und Wintertod über dem Lande liegen und hoch oben im Norden die Sonne ganz vom »Wolf verschlungen« ist, leuchtet die Weihnachtsnacht.

Für wenige Stunden tut sich nach dem Volksglauben eine Welt auf, die dem Sterblichen sonst verschlossen ist: Die Berge öffnen ihre Edelsteinpracht, aus den Gewässern tönt der Klang längst versunkener Glokken, aus den Meerestiefen schimmern vergangene Schlösser und Städte herauf, und mitten im Schnee erblüht ein zarter Frühling; Apfelbäume tragen in einer Stunde Knospen, Blüten und Früchte, die Sonne macht um Mitternacht drei Freudensprünge, und wer ohne Sünde ist, kann die Sprache der Tiere verstehen.

Erst seit dem 4. Jahrhundert feiert die Christenheit Weihnachten am 25. Dezember. Vorher war es nicht das Geburtsfest Christi, sondern der Tag der Taufe, den man am 6. Januar feierte.

Die Kirche richtete Weihnachten wohl am 25. Dezember ein, da dieser Tag den Ägyptern, Syrern, Griechen und Römern als Geburtstag des sol invictus, ihres »unbesiegten Sonnengottes«, heilig war. Auch der persische Lichtgott Mithras hatte am 25. Dezember seinen Geburtstag. So bedurfte es nur der Bedeutungsumwandlung dieses Tages.

Bis heute hat das Weihnachtsfest neben antiken und

frühchristlichen auch starke Spuren heimatlichen Brauchtums und Glaubens bewahrt. Aber immer war es ein fröhliches Fest, das die dunkle, bange Winterszeit unterbrach.

Im Mittelalter sang Tannhäuser:

> Gegen diesen wînahten
> solden wir ein gemehlîchez trahten,
> wir swigen al ze lange.
> Nu volget mir, ich kan uns vröude machen.
> Ich singe wol ze tanze.

Zum ersten Mal taucht das Wort Weihnachten bei dem mittelhochdeutschen Spruchdichter Spervogel um 1170 als »wînahten« auf. Christkind und Bescherung schenkte der Protestantismus dem Weihnachtsfest. Vorher hatte St. Nikolaus den Kindern die Gaben gebracht. Im 16. Jahrhundert noch schickte das Christkind den artigen Kindern seine Geschenke in einem Beutel ins Haus. Eine solche Christbürde mußte fünferlei Dinge enthalten: Spielzeug, Näscherei, ein Geldstück, ein Kleidungsstück und Schulgegenstände, die man kurz Scholastika nannte. Erst als die Christkindgaben immer üppiger wurden und nicht mehr in die Christbürde hineinpaßten, legte man sie auf einen Gabentisch und vergaß auch die Rute nicht, damit die Furcht vor Rutenstrafe bei der Erziehung immer ein bißchen mithelfen sollte. Die älteste bekannte Christbescherung wird aus dem Jahre 1584 berichtet.

Die schönen Sachen für den Gabentisch kaufte man früher nur auf den Weihnachtsmärkten, die in Berlin, Hamburg, Leipzig, Magdeburg, Köln und Frankfurt große Berühmtheit erlangten. In Hamburg nannte man den Weihnachtsmarkt »Dom«, weil die Buden und Stände ursprünglich auf dem Friedhof, im Kreuzgang und in der Vorhalle des Gotteshauses standen. Der Name »Dom« ist dem Hamburger Markt bis heute geblieben, wenn auch der Platz längst verlegt wurde und ein richtiger Jahrmarkt daraus geworden ist. Es gab auch ausgesprochene Spezial-Weihnachtsmärkte, so den Münchner Kripperlmarkt, auf dem nur Krippen und Einzelfiguren verkauft und den alten Dresdner Striezlmarkt, auf dem ausschließlich Christstollen angeboten wurden.

Die Christstollen sind überhaupt das berühmteste Weihnachtsgebäck. Sie heißen auch Stutenbrot oder Striezl und stammen aus den klassischen Heimatländern dieser süßen Bäckerei, Sachsen und Thüringen. Seit fünfhundert Jahren ist hier von Stollen bzw. von der älteren Bezeichnung Striezl die Rede, und schon 1474 sind sie urkundlich als Christbrot erwähnt und waren auch damals schon ein lohnendes Handelsobjekt.

Nicht weniger alt ist der Nürnberger Lebkuchen, von dem schon aus dem Jahre 1300 berichtet wird. Wahrscheinlich sind Mönche die Erfinder des Lebkuchens. Zunächst war dieses Gebäck, zu dem man die notwendigen Gewürze aus dem spezereienreichen Venedig bezog, wohl als verdauungsförderndes Mittel gedacht. Sehr bald aber waren sie als Leckerei begehrt. Man formte sie, zuerst mit der Hand, später

mit Formen aus Buchsbaumholz, und klebte ihnen manchmal noch Verslein obenauf.

Der älteste erhaltene Spruch dieser Art stammt aus dem Jahre 1562 und lautet: »Desgleichen so nimm auch von mir hin diese stücklein Läpkuchen gut«.

Der Gabentisch, die Bescherung – für Kinder allerdings wohl seit eh und je Mittelpunkt des Weihnachtsfestes – ist heute ohne den kerzenschimmernden Tannenbaum nicht zu denken. Er erscheint uns geradezu als Symbol der Weihnacht. Kein anderer deutscher Brauch hat in der weiten Welt eine solche Verbreitung gefunden.

Dabei wußte das 17. Jahrhundert noch nichts von dieser Sitte. Die Krippe stand im Mittelpunkt der Weihnachtsfeier, seitdem Franz von Assisi im Jahre 1223 im Walde von Greccia in den Alverner Bergen seine erste, berühmt gewordene Krippenfeier abhielt. Aus den ursprünglich einfachen und primitiven Krippen wurden im Laufe der Zeit köstliche Kunstwerke. Das 18. Jahrhundert trieb den prunkvollsten Aufwand. Die Krippenfiguren wurden schon früh lebendig. Schon aus dem 11. Jahrhundert gibt es ausführliche Darstellungen über »Krippenspiele«. Vor allem in Bayern, Ungarn und Österreich betrieb man das Krippenschnitzen. Sehr bald wanderte die Weihnachtskrippe aus den Kirchen in das häusliche Weihnachtszimmer, das man schon seit altersher mit grünenden oder blühenden Zweigen, die man zu Barbara geschnitten hatte, schmückte. Angelus Silesius, der 1677 starb, nannte Weihnachten noch die Maienzeit.

Die frühesten Zeugnisse des Weihnachtsbaumes kommen aus dem Elsaß, wo in Straßburg um 1604 von einem »Dannenbaum« die Rede ist, der mit »Rosen aus farbigem Papier, Äpfeln, Oblaten und Zucker behängt« und auf einem »viereckent ramen« aufgestellt war. Aber von brennendem Lichterschmuck wird noch nicht gesprochen. Davon erzählt als erste Liselotte von der Pfalz. In einem Brief, den sie ihrer Tochter aus Frankreich schreibt, berichtet sie aus ihrer Heidelberger Jugendzeit: »... Auf diese Tische stellt man Buchsbäume und befestigt an jedem Zweig ein Kerzchen; das sieht allerliebst aus, und ich möchte es noch heutzutage gern sehen«. Vom Elsaß wanderte der Weihnachtsbaum nach Mitteldeutschland. Aber erst nach den Freiheitskriegen eroberte er alle deutschen Weihnachtszimmer.

Preußische Offiziere führten ihn 1815 in Danzig und die Königin Therese, die der Münchner Oktoberwiese ihren Namen gab, als Gemahlin Ludwigs I. auch in Bayern ein.

Neben dem Weihnachtsbaum war die Weihnachtspyramide Symbol der Weihnacht. Im Gegensatz zum Tannenbaum, der seinen Weg vom weihnachtlichen Familienzimmer auch in die katholische Kirche nahm, wenn auch die Geistlichkeit ihn lange als heidnisches Brauchtum ablehnte, wanderte die Weihnachtspyramide, ähnlich wie die Krippe, von der Kirche in die Weihnachtsstuben. Sie ist ein pyramidenartiges Holzgestell, manchmal mit immergrünen Zweigen besteckt, das allerlei Zierat und brennende Lichter trägt. Vor allem im sächsischen Erzgebirge blieb man ihr bis heute neben dem Tannenbaum treu. In Sachsen und Schlesien stellte man mit Vorliebe auch figürliche Weihnachtsleuchter auf den Gabentisch. Aus Schweden wanderte der fröhliche Brauch des Julklapp nach Nordostdeutschland. Das Weihnachtsgeschenk wird, überreichlich verpackt, mit dem Ausruf »Julklapp« ins Zimmer geworfen, und der Überbringer muß möglichst unerkannt das Haus wieder verlassen.

Dem Weihnachtsfest haftet verspielt noch viel altes heidnisches Brauchtum an. In der Heiligen Nacht deutet man besonders gern die Zukunft. In Thüringen zog man dazu Stroh aus dem Dach. Fand einer dabei noch Körner, so hatte er im kommenden Jahr Glück. Zwischen elf und zwölf Uhr in der Nacht geht man in den Obstgarten und beklopft die Bäume, damit sie bessere Frucht tragen. Weihnachtswetterregeln beachtet der Bauer mit Vorliebe: »Ist Weihnachten kalt – kommt der Winter hart und der Frühling bald.« In Österreich erscheint am Morgen des Heiligen Abends das Goldene Rössl und wirft den Kindern Geschenke in den Hof. In Schwaben rüttelt man an Essig- und Weinfässern, damit sie immer gefüllt bleiben.

In der Nahegegend läßt man ein wenig vom Flachs am Rocken, damit die heilige Jungfrau ihn in der Nacht zum Abtrocknen des Jesuleins benutzen kann. Dieser Flachs ist dann ein Heilmittel gegen allerlei Krankheit von Mensch und Tier. In Tirol stellt man am Christabend der Muttergottes und ihrem Kindchen gar eine Schüssel·Milch ans Fenster und legt zwei Löffel dazu. Die Gottesmutter soll am guten Essen des Weihnachtstages teilhaben, das in Oldenburg und Schleswig-Holstein dem Heiligen Abend auch den Namen Dickbuch-Abend oder Vullbutts-Abend gegeben hat.

Als Festbraten ist das Schwein auch zu Weihnachten am beliebtesten. Ihm folgt der Karpfen, und an dritter Stelle stehen Gans, Fasan, Puter oder Truthahn. Besonders wichtig ist der Grünkohl als Beigabe. In der Mark Brandenburg sagt ein Sprichwort: »Wer Weihnachten nicht tüchtig Grünkohl ißt, bleibt dumm«. In vielen Gegenden ißt man Siebenerlei zum Heiligen Abend: Schweinefleisch oder Würste mit Sauerkohl, Mohnklöße, die man auch blaue Husaren nennt, gezuckerte Milch mit verquirlten Eiern und eingeschnittenen Semmeln, auch weiße Dragoner geheißen, Karpfen, Schlesisches Himmelreich (gekochtes Backobst mit Hefeklößen) und ähnliches. Im Pinzgau bringt die Bäuerin den Rest der Heilig-Abend-Mahlzeit in den Obstgarten und sagt: »Bam esst's!«

Der schlesische Müller warf dem Wassermann Speisen in den Bach, und gegen Hexen schleuderte man Feuerbrände in den Brunnen, denn um Weihnachten beginnen die Zwölften, die zwölf Nächte, in denen der heidnische Dämonenspuk ausgelassen sein Unwesen reibt.

Hedi Lehmann

Vor dem Christbaum

Da guck einmal, was gestern nacht
Christkindlein alles mir gebracht:
Ein Räppchen,
Ein Wägelein,
Ein Käppchen,
Ein Krägelein;
Ein Tütchen
Und ein Rütchen;
Ein Büchlein
Voller Sprüchlein;
Das Tütchen, wenn ich fleißig lern,
Ein Rütchen, tät ich es nicht gern,
Und nun erst gar den Weihnachtsbaum,
Ein schönrer steht im Walde kaum.
Ja, schau nur her und schau nur hin
Und schau, wie ich so glücklich bin.

Friedrich Güll, 1812—1879

Weihnachten

Markt und Straßen stehn verlassen,
still erleuchtet jedes Haus,
sinnend geh ich durch die Gassen,
alles sieht so festlich aus.

An den Fenstern haben Frauen
buntes Spielzeug fromm geschmückt,
tausend Kindlein stehn und schauen,
sind so wunderstill beglückt.

Und ich wandre aus den Mauern
bis hinaus ins freie Feld,
hehres Glänzen, heilges Schauern!
wie so weit und still die Welt!

Sterne hoch die Kreise schlingen,
aus des Schnees Einsamkeit
steigts wie wunderbares Singen –
O du gnadenreiche Zeit!

Joseph von Eichendorff, 1788–1857

Das Weihnachtsevangelium

Es begab sich aber zu der Zeit / daß ein Gebot vom Kaiser Augustus ausging / daß alle Welt geschätzt würde. Und diese Schätzung war die allererste und geschah zu der Zeit / da Cyrenius Landpfleger in Syrien war. Und Jedermann ging / daß er sich schätzen ließe / ein Jeglicher in seine Stadt. Da machte sich auch auf Joseph aus Galiläa / aus der Stadt Nazareth / in das jüdische Land / zur Stadt Davids / die da heißt Bethlehem / darum daß er von dem Hause und Geschlecht Davids war / auf daß er sich schätzen ließe mit Maria / seinem vertrauten Weibe / die war schwanger. Und als sie daselbst waren / kam die Zeit / daß sie gebären sollte ✚ Und sie gebar ihren ersten Sohn und wickelte ihn in Windeln und legte ihn in eine Krippe / denn sie hatten sonst keinen Raum in der Herberge ✚ Und es waren Hirten in derselben Gegend auf dem Felde bei den Hürden / die hüteten des Nachts ihre Herde. Und siehe / des Herrn Engel trat zu ihnen / und die Klarheit des Herrn leuchtete um sie; und sie fürchteten sich sehr. Und der Engel sprach zu ihnen: Fürchtet euch nicht; siehe / ich verkündige euch große Freude / die allem Volk widerfahren wird; denn euch ist heute der Heiland geboren / welcher ist Christus / der Herr / in der Stadt Davids ✚ Und das habt zum Zeichen: Ihr werdet finden das Kind in Windeln gewickelt / und in einer Krippe liegen ✚ Und alsobald war da bei dem Engel die Menge der himmlischen Heerscharen / die lobten Gott und sprachen: Ehre sei Gott in der Höhe / und Friede auf Erden / und den Menschen ein Wohlgefallen! Und da die Engel von ihnen gen Himmel fuhren / sprachen die Hirten untereinander: Laßt uns nun gehen gen Bethlehem / und die Geschichte sehen / die da geschehen ist / die uns der Herr kundgetan hat ✝ Und sie kamen eilend und fanden beide / Maria und Joseph / dazu das Kind in der Krippe liegen ✝ Da sie es aber gesehen hatten / breiteten sie das Wort aus / welches zu ihnen von diesem Kinde gesagt war. Und alle / vor die es kam / wunderten sich der Rede / die ihnen die Hirten gesagt hatten. Maria aber behielt alle diese Worte und bewegte sie in ihrem Herzen. Und die Hirten kehrten wieder um / priesen und lobten Gott um alles / was sie gehört und gesehen hatten / wie denn zu ihnen gesagt war.

Lucas 2/1–20

Das traditionelle
Weihnachtsmenü — die Gans

Es war kurz vor Martinitag.
Wer dann vernünftig ist und kann's
sich leisten, kauft sich eine Gans.
Auch an des Onkels Außengiebel
hing eine solche, die nicht übel,
um, nackt im Freien aufgehangen,
die rechte Reife zu erlangen.
Auf diesen Braten freute sich
der Onkel sehr und namentlich
vor allem auf die braune Haut,
obgleich er sie nur schwer verdaut.

Was dem von Wilhelm Busch gepriesenen Gänsetier
zu Martini recht ist, sollte unserer Weihnachtsgans
billig sein – denn sie, oder wenigstens der ihr artver-
wandte Puter (Turkey, Truthahn), ist nach wie vor
das traditionelle Weihnachtsessen; auch, wenn die
Hausfrau den Vormittag in der Küche werkeln und
bruzzeln muß. Der wohlgeratene braune Vogel gehört auf den Tisch. Als Zuspeise und Nachtisch gibt
es: Kartoffelklöße, vorzugsweise rohe, Salzkartoffeln, Rotkraut und am Schluß Apfelkompott. Nun
zur Gans:
Sie kaufen eine Fleischgans mit möglichst wenig
Fett, die bereits vom Geflügelhändler ausgenommen
worden ist. Außerdem:

Pfeffer und Salz
1 *Kaffeelöffel Majoran oder Beifuß*
1 *Kaffeelöffel Kümmel*
2 *Kaffeelöffel zerdrückte Wacholderbeeren*
Saft von einer Zitrone
2 *Tassen Wasser*
1 *Eßlöffel Mehl*

Eine junge Gans (und Sie sollten unbedingt darauf achten, daß Sie eine junge erwischen!) braucht etwa eine Stunde, eine ältere zwei bis drei Stunden Bratzeit. Für eine sehr magere Gans brauchen Sie extra Gänseflomen. Notfalls kann man sich aber auch mit einem Pfund Schweineschmalz behelfen.
Die Gans wird zugerichtet, d. h.: waschen, abtrocknen und gegebenenfalls Kopf und Füße abschneiden. Mit Salz, Pfeffer, Zitronensaft innen und außen abreiben, innen außerdem mit Majoran oder Beifuß, Kümmel und Wacholderbeeren. Ein bis zwei Stunden ziehen lassen.
Nun zur Füllung. Dazu brauchen Sie:

750 *Gramm Kastanien*
1 *Eßlöffel Butter*
1 *Eßlöffel Zucker*
Salz
1 *Tasse Fleischbrühe*

Die Kastanien schneiden Sie überkreuz ein, rösten sie im Backofen und schälen sie. Der Zucker wird in der Butter hellgelb gebrannt, Kastanien zugeben, mit der Fleischbrühe ablöschen, würzen und weichdämpfen. Die Kastanien kommen ganz hinein. Zunähen.

Nun die Gans in die Gansbratpfanne legen, mit heißem Wasser übergießen und zugedeckt dämpfen lassen, bis sie brät, entweder im eigenen Fett oder in
dem zugesetzten Gansflomen oder Schweinefett. Von
Zeit zu Zeit muß die Gans gewendet werden, und
mit einer Gabel müssen Sie in die Haut unterhalb der
Keulen stechen, damit das Fett herauslaufen kann.
Erst jetzt im Backofen mit offenem Deckel knusprig
braten, immer wieder begießen. Die Haut wird besonders knusprig, wenn Sie am Ende Cognac darauf-
pinseln und das Backrohr noch einmal für eine Minute schließen.

Aus dem Bratensaft mit Mehl und Wasser eine Sauce
bereiten und gut abschmecken.

Soll die Gans statt in der Pfanne auf dem Rost ge-
braten werden, legen Sie sie mit der Brustseite auf. In
die Auffangschale darunter kommt 1 Liter Wasser.
Bei starker Hitze eine Stunde lang braten. Dann die
Gans wenden und bei Mittelhitze garbraten. Ab und
zu übergießen.

Magen, Herz, Hals und Flügel der Gans kocht man mit reichlich Suppengrün, Salz, einem Lorbeerblatt, einigen Wacholderbeeren und Pfefferkörnern zu einer guten Brühe, aus der sich mit Reis oder Nudeln noch eine vollständige Mahlzeit machen läßt.

Eine Variation der Füllung: 1 Teelöffel Salz, etwas Beifuß, eine Zwiebel, einen Apfel oder eine Banane.

... UND DER TRUTHAHN

Und nun die nicht minder köstliche Variation des Weihnachtsmenüs: den Truthahn. Als Beilage gibt es Weinäpfel.

Einen Truthahn rechnet man für etwa acht Personen. Es lohnt sich jedoch, ihn auch für weniger Personen zuzubereiten, weil Sie von den Resten für den nächsten Tag noch ein kaltes Abendessen machen können.

Sie brauchen außer dem Truthahn

Salz und Pfeffer
1 Tasse Butter
1 Vierteltasse Mehl
1 halbe Tasse Wasser

Der Truthahn wird zugerichtet und ganz mit Salz und Pfeffer eingerieben. Eine halbe Tasse Butter schaumig rühren und mit Mehl vermischen. Damit Brust, Keulen und Flügel einreiben. Der Truthahn kommt mit dem Rücken nach unten auf den Rost, und dieser wird in die Fettpfanne gestellt. Sie bestreuen die Pfanne am Boden mit Mehl und stellen alles in den heißen Ofen. Sobald das Mehl anfängt zu bräunen, verringern Sie die Hitze. Begießen Sie alle Viertelstunde. Und zwar nehmen Sie zum Begießen die restliche im Wasserbad geschmolzene Butter. In etwa drei Stunden ist der Braten gar. – Während des Bratens müssen Sie das Tier öfter wenden, damit es gleichmäßig braun wird. Sollte der Truthahn aber allzu rasch bräunen, verringern Sie entweder die Oberhitze oder sie decken ihn mit einem mit Butter bestrichenen Papier zu.

Nun die Weinäpfel. Sie brauchen dazu:

4 Äpfel
1 Viertelliter Rotwein
4 Teelöffel Preiselbeeren

Aus den geschälten und halbierten Äpfeln vorsichtig das Kerngehäuse entfernen. Sie werden im geschlossenen Topf langsam im Rotwein weichgedämpft. In den Wein kommt ein Stückchen Stangenzimt und etwas Zitronenschale. Und dann setzen Sie die »Apfelschüsselchen« (die hoffentlich beim Kochen nicht zerfallen sind) auf eine Platte und füllen sie mit je einem Teelöffel Preiselbeeren.

...UND SCHLIESSLICH NOCH DER KARPFEN

Der Karpfen ist das klassische Silvesteressen. Aber in vielen Familien gibt es ihn schon zu Weihnachten, sei es, weil Gans und Truthahn schwere Speisen sind und viel Arbeit machen, sei es, weil sie sich aus Fisch ganz einfach mehr machen als aus dem »hohlen

Vogel«. Deshalb zum Schluß der weihnachtlichen Menüvorschläge der »Karpfen blau«. Für vier Personen genügt ein Fisch von zwei bis drei Pfund Gewicht. Sie kaufen ihn möglichst frisch geschlachtet beim Fischhändler, oder aber, falls Sie es fertig bringen, schlachten Sie ihn selbst kurz vor dem Kochen mit einem Schlag auf den Kopf. Dann schuppen Sie ihn vorsichtig, ohne die schleimige Haut zu verletzen, die ja das Blauwerden bewirkt. Danach den Karpfen ausnehmen und waschen.

Aus den folgenden Zutaten entsteht der Sud:

2¹/₂ Liter Wasser
1 Viertelliter Weißwein
1 Achtelliter Kräuteressig
2 geschälte Zwiebeln
2 Scheiben Zitrone mit der Schale
4 Lorbeerblätter
6 Pfefferkörner
2 Nelken
6 getrocknete Wacholderbeeren
5 Gramm Senfkörner
Salz

Der Karpfen wird auf den Einsatz des Fischkochers gelegt und an Kopf und Schwanz befestigt, damit er im Sud liegenbleibt und nicht mehr angefaßt werden muß. Er wird in den kochenden Sud eingelegt und zieht 15 bis 20 Minuten auf kleiner Flamme. Sehr vorsichtig herausnehmen, damit er nicht zerfällt. Frische Butter mit geriebenem Meerrettich verkneten oder den geriebenen Meerrettich mit steifer Sahne mischen. Zum Garnieren nehmen Sie Zitronenscheiben und frische Petersilie, als Zuspeise einfache Salzkartoffeln.

Plumpudding

Der Plumpudding ist eine echt englische Spezialität, ohne die für den Engländer kein Weihnachtsfest denkbar wäre.
Es ist Sitte, daß alle Frauen, die bei seiner Zubereitung mitgeholfen haben, eine Sixpence-Münze in den Teig werfen. Wer dann am Weihnachtsabend in seiner Portion das Geldstück findet, dem wird im kommenden Jahr Glück und Reichtum zuteil werden.

PLUMPUDDING

90 Gramm Korinthen	*30 Gramm Zitronat*
90 Gramm Sultaninen	*60 Gramm Äpfel*
90 Gramm Datteln	*45 Gramm Semmelbrösel*
90 Gramm Weintrauben	*60 Gramm Fett*

50 Gramm Mehl	*1 Gläschen Rum*
80 Gramm Zucker	*1 Prise Pfefferkuchengewürz*
2 Eier	*Zitronensaft*
¹/₂ Päckchen Backpulver	*Rum zum Übergießen*

Die getrockneten Früchte werden gewaschen und sorgfältig getrocknet. Dann schneidet und entkernt man die frischen Weintrauben und mischt sie mit Zucker, Zitronensaft, dem gewiegten Zitronat, geraspelten Äpfeln und Semmelbröseln. Korinthen, Sultaninen und Datteln zugeben, das zerlassene Fett darübergießen. Alle Zutaten müssen gut durchgerührt werden, dann erst kommen das mit dem Backpulver vermischte Mehl, der Zucker und schließlich die Eier, das Gläschen Rum und Pfefferkuchengewürz hinzu.

Die ganze Masse wieder gut durchrühren, einen eingefetteten irdenen Topf zu drei Vierteln damit füllen, ihn mit Zellophanpapier verschließen und mit einem Leinenlappen zubinden.

Der Pudding wird 5 Stunden lang im Wasserbad gekocht, wobei das verdunstete Wasser natürlich immer wieder ergänzt werden muß. Zum Schluß wird der fertige Plumpudding gestürzt, mit Rum übergossen und brennend auf den weihnachtlichen Abendbrottisch getragen.

Johann Wolfgang Goethe an J. C. Kestner

Frankfurt, 25. Dezember 1772

Cristtag früh. Es ist noch Nacht lieber Kestner, ich binn aufgestanden um bey Lichte Morgens wieder zu schreiben, das mir angenehme Erinnerungen voriger Zeiten zurückruft; ich habe mir Coffee machen lassen den Festtag zu ehren und will euch schreiben biss es Tag ist. Der Türner hat sein Lied schon geblasen ich wachte drüber auf. Gelobet seyst du Jesu Christ. Ich hab diese Zeit des Jahrs gar lieb, die Lieder die man singt; und die Kälte die eingefallen ist macht mich vollends vergnügt. Ich habe gestern einen herrlichen Tag gehabt, ich fürchtete für den heutigen, aber der ist auch gut begonnen und da ist mirs fürs enden nicht Angst. Gestern Nacht versprach ich schon meinen lieben zwey Schattengesichtern euch zu schreiben, sie schweben um mein Bett wie Engel Gottes. Ich hatte gleich bey meiner Ankunft Lottens Silhouette angesteckt, wie ich in Darmstadt war stellen sie mein Bett herein und siehe Lottens Bild steht zu Häupten das freute mich sehr, Lenchen hat jetzt die andere Seite ich danck euch Kestner für das liebe Bild, es stimmt weit mehr mit dem überein was ihr mir von ihr schriebt als alles was ich imaginirt hatte; so ist es nichts mit uns die wir rathen phantasiren und weissagen.

Der Türner hat sich wieder zu mir gekehrt, der Nordwind bringt mir seine Melodie, als blies er vor meinem Fenster.

337

Gestern lieber Kestner war ich mit einigen guten Jungens auf dem Lande, unsre Lustbarkeit war sehr laut, und Geschrey und Gelächter von Anfang zu Ende. Das taugt sonst nichts für die kommende Stunde, doch was können die heiligen Götter nicht wenden wenns Ihnen beliebt, sie gaben mit einen frohen Abend, ich hatte keinen Wein getruncken, mein Aug war ganz unbefangen über die Natur. Ein schöner Abend, als wir zurückgingen es ward Nacht. Nun muss ich dir sagen das ist immer eine Sympatie für meine seele wenn die Sonne lang hinunter ist und die Nacht von Morgen herauf nach Nord und Süd umsich gegriffen hat, und nur noch ein dämmernder Kreis vom abend heraufleuchtet. Seht Kestner wo das Land flach ist ists das herrlichste Schauspiel, ich habe jünger und wärmer Stunden lang so ihr zugesehn hinabdämmern auf meinen Wandrungen. Auf der Brücke hielt ich still. Die düstre Stadt zu beyden Seiten, der Stilleuchtende Horizont, der Widerschein im Fluß machte einen köstlichen Eindruck in meine Seele den ich mit bey-

den Armen umfasste. Ich lief zu den Gerocks lies mir Bleystifft geben und Papier, und zeichnete zu meiner grossen Freude, das ganze Bild so dämmernd warm als es in meiner Seele stand.

Sie hatten alle Freude mit mir darüber empfanden alles was ich gemacht hatte und da war ichs erst gewiss, ich bot ihnen an drum zu würfeln, sie schlugens aus und wollen ich solls Mercken schicken. Nun hängts hier an meiner Wand, und freut mich heute wie gestern.

Wir hatten einen schönen Abend zusammen wie Leute denen das Glück ein groses geschenck gemacht hat, und ich schlief ein den heiligen im Himmel danckend, dass sie uns Kinderfreude zum Crist bescheeren wollen. Als ich über den Marckt ging und die vielen Lichter und Spielsachen sah dacht ich an euch und meine Bubens wie ihr ihnen kommen würdet, diesen Augenblick ein Himlischer Bote mit dem blauen Evangelio, und wie aufgerollt sie das Buch erbauen werde. Hätt ich bey euch seyn können ich hätte wollen so ein Fest Wachsstöcke illuminiren, daß es in den kleinen Köpfen ein Widerschein der Herrlichkeit des Himmels geglänzt hätte. Die Tohrschließer kommen vom Burgemeister, und rasseln mit Schlüsseln.

Das erste Grau des Tags kommt mir über des Nachbaars Haus und die Glocken läuten eine Cristliche Gemeinde zusammen.

Wohl ich bin erbaut hier oben auf meiner Stube, die ich lang nicht so lieb hatte als ietzt. Sie ist mit den glücklichsten Bildern ausgeziert (die) mir freundlichen guten Morgen sagen. Sieben Köpfe nach

Raphael, eingegeben vom lebendigen Geiste, einen davon hab ich nachgezeichnet und binn zufrieden mit ob gleich nicht so froh. Aber meine lieben Mädgen. Lotte ist auch da und Lenchen auch ...

Nun Adieu, es ist hell Licht. Gott sey bey euch, wie ich bey euch binn. Der Tag ist festlich angefangen. Leider muß ich nun die schönen Stunden mit Rezensiren verderben ich tuhs aber mit gutem Muth denn es ist fürs letzte Blat.

Lebt wohl und denkt an mich das seltsame Mittelding zwischen dem reichen Mann und dem armen Lazarus. Grüsst mir die Lieben alle. Und lasst von euch hören.

Still, still, still

Still, still, still,
weil's Kindlein schlafen will.
Die Englein tun schön jubilieren,
bei dem Kripplein musizieren.
Still, still, still,
weil's Kindlein schlafen will.

Schlaf, schlaf, schlaf,
mein liebes Kindlein, schlaf!
Maria will dich niedersingen,
ihre keusche Brust darbringen.
Schlaf, schlaf, schlaf,
mein liebes Kindlein, schlaf!

Aus Salzburg

Die Flucht der Heiligen Familie

Länger fallen schon die Schatten,
durch die kühle Abendluft,
waldwärts über stille Matten
schreitet Joseph von der Kluft,
führt den Esel treu am Zügel;
Linde Lüfte fächeln kaum,
's sind der Engel leise Flügel,
die das Kindlein sieht im Traum.

Und Maria schauet nieder
auf das Kind voll Lust und Leid,
singt im Herzen Wiegenlieder
in der stillen Einsamkeit.

Die Johanniswürmchen kreisen
emsig leuchtend über'n Weg,
wollen der Mutter Gottes weisen
durch die Wildnis jeden Steg,
und durchs Gras geht süßes Schaudern,
streift es ihres Mantels Saum;
Bächlein auch läßt jetzt sein Plaudern
und die Wälder flüstern kaum,
daß sie nicht die Flucht verraten.
Und das Kindlein hob die Hand,
da sie ihm so Liebes taten,
segnete das stille Land,
daß die Erd' mit Blumen, Bäumen
fernerhin in Ewigkeit
nächtlich muß vom Himmel träumen –
o gebenedeite Zeit!

Joseph von Eichendorff, 1788–1857

Weihnacht

Es ist ein Reis entsprungen
aus einer Wurzel zart;
Als uns die Alten sungen,
aus Jesse kam die Art,
Das hat ein Röslein bracht,
mitten im kalten Winter,
wohl zu der halben Nacht.

Das Röslein, das ich meine,
davon Jesaias sagt,
hat uns gebracht alleine
Marie, die reine Magd.
Aus Gottes ewigem Rat
hat sie ein Kind geboren
ohn alle Missetat.

Unbekannter geistlicher Dichter aus Trier, um 1400

Vom Himmel hoch

Vom Himmel hoch, o Engel kommt!
Eia, susani, susani.
Kommt singt und klingt,
kommt, pfeift und trombt.
Halleluja.
Von Jesus singt und Maria!

Singt Fried den Menschen weit und breit!
Eia, susani, susani.
Gott Preis und Ehr in Ewigkeit.
Halleluja.
Von Jesus singt und Maria.

Volksweise von 1635

Die heilgen drei Kön'ge

Die heilgen drei Kön'ge aus Morgenland,
sie frugen in jedem Städtchen:
»Wo geht der Weg nach Bethlehem,
ihr lieben Buben und Mädchen?«

Die Jungen und Alten, sie wußten es nicht,
die Könige zogen weiter,
sie folgten einem goldenen Stern,
der leuchtete lieblich und heiter.

Der Stern bleibt stehn über Josephs Haus,
da sind sie hineingegangen;
das Öchslein brüllte, das Kindlein schrie,
die heil'gen drei Könige sangen.

Heinrich Heine, 1797–1856

Weihnacht in Ajaccio

Reife Goldorangen fallen sah'n wir heute,
    Myrte blühte,
Eidechs glitt entlang der Mauer, die von Sonne
    glühte.
Uns zu Häupten neben einem morschen Laube
    flog ein Falter –
keine herbe Grenze scheidet Jugend hier und Alter.
Eh' das welke Blatt verweht ist, wird die Knospe
    neu geboren –
eine liebliche Verwirrung, schwebt der Zug der
    Horen.
Sprich, was träumen deine Blicke? Fehlt ein Winter
    dir, ein bleicher?
Teures Weib, du bist um einen lichten Frühling
    reicher!
Liebst du doch die langen Sonnen und die Kraft
    und Glut der Farben!

Und du sehnst dich nach der Heimat, wo sie längst
    erstarben?
Horch! – Durch paradieseswarme Lüfte tönen
    Weihnachtsglocken!
Sprich, was träumen deine Blicke? Von den
    weißen Flocken?

Conrad Ferdinand Meyer, 1825-1898

Das kleine Mädchen
mit den Schwefelhölzern

Es war fürchterlich kalt; es schneite und begann
dunkler Abend zu werden, es war der letzte Abend
im Jahre, Silvesterabend! In dieser Kälte und in dieser Finsternis ging ein kleines, armes Mädchen mit
bloßem Kopf und barfuß auf der Straße. Sie hatte
freilich Pantoffeln gehabt, als sie von Hause weg-
ging, aber was half das! Es waren sehr große Pantoffeln; ihre Mutter hatte sie zuletzt getragen, sie
waren schrecklich groß. Die Kleine verlor sie, als sie
sich beeilte, über die Straße zu gelangen, während
zwei Wagen gewaltig schnell daherjagten. Der eine
Pantoffel war nicht wiederzufinden und mit dem anderen lief ein Knabe davon, der sagte, er könne ihn
als Wiege benutzen, wenn er selbst einmal Kinder
bekomme.
Da ging nun das arme Mädchen auf den bloßen, kleinen Füßen, die ganz rot und blau vor Kälte waren.
In einer alten Schürze hielt sie eine Menge Schwefel-

hölzer, und ein Bund trug sie in der Hand. Niemand hatte ihr während des ganzen Tages etwas abgekauft, niemand hatte ihr auch nur einen Schilling geschenkt, hungrig und halberfroren schlich sie einher und sah sehr gedrückt aus, die arme Kleine! Die Schneeflocken fielen in ihr langes, blondes Haar, das sich schön über den Hals lockte; aber an schönes Aussehen dachte sie freilich nicht.

In einem Winkel zwischen zwei Häusern – das eine sprang etwas weiter in die Straße vor, als das andere – da setzte sie sich und kauerte sich zusammen. Die kleinen Füße hatte sie fest angezogen, aber es fror sie noch mehr, und sie wagte nicht nach Hause zu gehen, denn sie hatte ja keine Schwefelhölzer verkauft, nicht einen einzigen Schilling erhalten. Ihr Vater würde sie schlagen, und kalt war es daheim auch, sie hatten nur das Dach gerade über sich, und da pfiff der Wind herein, obgleich Stroh und Lappen zwischen die größten Spalten gestopft waren. Ihre kleinen Hände waren vor Kälte fast ganz erstarrt. Ach! Ein Schwefelhölzchen könnte gewiß recht gut tun; wenn sie nur wagen dürfte, eins aus dem Bunde herauszuziehen, es gegen die Wand zu streichen, und die Finger daran zu wärmen. Sie zog eins heraus, »Ritsch!« Wie sprühte es, wie brannte es! Es gab eine warme, helle Flamme, wie ein kleines Licht, als sie die Hand darum hielt, es war ein wunderbares Licht! Es kam dem kleinen Mädchen vor, als sitze sie vor einem großen eisernen Ofen mit Messingfüßen und einer Messingtrommel; das Feuer brannte ganz herrlich darin und wärmte schön! – Die Kleine streckte schon die Füße aus, um auch diese zu wärmen – da erlosch die Flamme, der Ofen verschwand – sie saß mit einem kleinen Stumpf des ausgebrannten Schwefelholzes in der Hand.

Ein neues wurde angestrichen, es brannte, es leuchtete, und wo sein Schein auf die Mauer fiel, wurde sie durchsichtig wie ein Flor. Sie sah gerade in das Zimmer hinein, wo der Tisch mit einem glänzend weißen Tischtuch und mit feinem Porzellan gedeckt stand, und herrlich dampfte eine mit Pflaumen und Äpfeln gefüllte, gebratene Gans darauf! Und was noch prächtiger war, die Gans sprang von der Schüssel herab, watschelte auf dem Fußboden hin mit Gabel und Messer im Rücken, gerade auf das arme Mädchen kam sie zu. Da erlosch das Schwefelholz, und nur die dicke, kalte Mauer war zu sehen.

Sie zündete ein neues an. Da saß sie unter dem schönsten Weihnachtsbaume. Der war noch größer und schöner geschmückt als der, den sie letzte Weihnachten durch die Glastür bei dem reichen Kaufmann erblickt hatte. Viel tausend Lichter brannten auf den grünen Zweigen und bunte Bilder, wie sie die Schaufenster schmückten, schauten zu ihr herab. Die Kleine streckte die beiden Hände in die Höh' – da erlosch das Schwefelholz; die vielen Weihnachtslichter stiegen höher und immer höher, nun sah sie, daß es die klaren Sterne am Himmel waren; einer davon fiel herab und zog einen langen Feuerstreifen über den Himmel.

»Nun stirbt jemand!« sagte die Kleine, denn ihre alte Großmutter, die einzige, die sie lieb gehabt hatte, die jetzt aber tot war, hatte gesagt: »Wenn ein Stern fällt, so steigt eine Seele zu Gott empor.«

Sie strich wieder ein Schwefelholz gegen die Mauer; es leuchtete ringsumher, und in seinem Glanze stand die alte Großmutter, glänzend, mild, und lieblich da. »Großmutter!« rief die Kleine. »Oh, nimm mich mit! Ich weiß, daß du auch gehst, wenn das Schwefelholz ausgeht; gleichwie der warme Ofen, der schöne Gänsebraten und der große herrliche Weihnachtsbaum!« Sie strich eiligst den ganzen Rest der Schwefelhölzer, die noch im Bunde waren, an; sie wollte die Großmutter recht festhalten; und die Schwefelhölzer leuchteten mit solchem Glanze, daß es heller war, als am lichten Tage. Die Großmutter war nie so schön, so groß gewesen; sie hob das kleine Mädchen auf ihren Arm, und in Glanz und Freude flogen sie in die Höhe, und da fühlte sie keine Kälte, keinen Hunger, keine Furcht – sie waren bei Gott!

Aber im Winkel am Hause saß in der kalten Morgenstunde das kleine Mädchen mit roten Wangen, mit lächelndem Munde – tot, erfroren am letzten Abend des alten Jahres. Der Neujahrsmorgen ging über die kleine Leiche auf, die mit Schwefelhölzern dasaß, wovon ein Bund fast verbrannt war. Sie hat sich wärmen wollen, sagte man. Niemand wußte, was sie Schönes erblickt hatte, in welchem Glanze sie mit der alten Großmutter zur Neujahrsfreude eingegangen war!

Hans Christian Andersen

Ausblick aufs Neue Jahr

Böllerschüsse, fröhlicher Umtrunk und zukunfts-
neugieriges Bleigießen schließen das alte Jahr, kün-
digen das neue an. Wir tun das meistens in vergnüg-
ter Gesellschaft und denken nicht viel dabei. Doch
ist Lärmmachen und Tanzen in der Silvesternacht
ein altüberlieferter Brauch, es vertreibt böse Dämo-
nen. Früher zog man auf dem Lande sogar ver-
mummt, laut singend und schreiend durch die Dör-
fer. Und das viele Trinken soll Unglück verhüten.
Nachtwächter bliesen in manchen Gegenden um die
Mitternachtsstunde vom Kirchturm aus das Neue
Jahr ein, das alte wurde ausgeläutet, junge Burschen
knallten mit Peitschen.

Daneben gibt es eine Unzahl Gebräuche, die Glück
bringen sollen: Ein mit der Nadel blind aus der Bibel
oder einem anderen Buch gestochenes Wort hat Bedeutung für künftige Ereignisse. Dem Nachbarn
wirft man eine Handvoll Erbsen ans Fenster oder
schenkt ihm einen mit Münzen gespickten Apfel –
es bringt ihm Glück und Segen.

Im Isergebirge schloß man in der letzten halben
Stunde des alten Jahres alle Türen, weil es nun gegangen war, ließ aber ein kleines Pförtchen offen, damit das neue Jahr sich hereinschleichen konnte. In
den Weserniederungen wurde eine Strohpuppe
durch das Dorf getragen und um Mitternacht er-
tränkt, statt ihrer brachten die Burschen ein hüb-
sches junges Mädchen ins Dorf zurück, die Neu-
jahrskönigin. Sie mußte noch im selben Jahr einen

Bräutigam finden, wenn sie nicht als alte Jungfer enden wollte. In Bayern wieder wurden wenige Minuten vor Zwölf alle Lichter gelöscht und erst mit dem letzten Schlage der Mitternacht wieder angezündet. Und in Oberschlesien warf man die Gläser, aus denen man dem neuen Jahr zum Gruß getrunken hatte, aus dem Fenster.

Auch heute noch legt mancher ein paar Schuppen des Silvesterkarpfens in seine Geldbörse, damit die stets gefüllt bleibe. Und die Bauern, stets um die Wetterfrage vordringlich besorgt, schnitten eine Zwiebel in zwölf Schnitze, legten sie in eine Reihe, streuten Salz darüber und schauten, welcher Schnitz am meisten weinte: Dieser Monat versprach viel Regen.

In der Steiermark besprengte man zu Neujahr Stuben und Ställe mit geweihtem Wasser. In Bayern galt der alte Brauch, daß das jüngste Kind einer Familie Stroh um die Obstbäume wickelte und Münzen dazwischensteckte – das verhieß reiche Frucht.

In der Silvesternacht darf kein Salz verschüttet werden, das brächte Unglück. Hingegen verheißt es Glück, wenn man einem Kaminkehrer ein bißchen Ruß abstreift. Geliehenes Geld und sonstiges Geborgte sollte bis zum 31. Dezember zurückgegeben werden, sonst zieht es neue Schulden nach.

Groß ist auch die Anzahl der Liebesorakel in der Silvesternacht: Die Apfelschale, die ein junges Mädchen hinter sich wirft, fällt im Anfangsbuchstaben des Bräutigams. Auch der Ofen knistert ihr in dieser Nacht den Namen des Zukünftigen zu.

Wenn sie sich mit dem Rücken zum offenen Feuer

stellt und zwischen den Beinen hindurch hinein-
guckt, oder im Brautschleier und eine Kerze, die
beide schon bei einer Trauung gebraucht wurden,
in einen Brunnen schaut, sieht sie ihren Künfti-
gen gar leibhaftig.

Der letzte Tag des Jahres erhielt seinen Namen übrigens von Papst Silvester I., dessen Regierungszeit
von 314 bis 335 dauerte. Erst 813 wurde das Fest von
der Kirche offiziell in den Kalender aufgenommen.

Zum Neuen Jahr

Wie heimlicherweise
ein Engelein leise
mit rosigen Füßen
die Erde betritt,
so nahte der Morgen.
Jauchzt ihm, ihr Frommen,
ein heilig Willkommen!
Ein heilig Willkommen!
Herz, jauchze du mit!

In ihm sei's begonnen,
der Monde und Sonnen
an blauen Gezelten
des Himmels bewegt!
Du, Vater, du rate!
Lenke du und wende!
Herr, dir in die Hände
sei Anfang und Ende,
sei alles gelegt!

Eduard Mörike, 1804-1875

Inhaltsverzeichnis

Sachregister

**Goldmann
Verlag
München**

Ilse Obrig
Wir freuen uns auf Weihnachten
Das große Spiel- und Bastelbuch

Mit fast 100 Fotos, Zeichnungen
und Notenbeispielen.
Glanz der Weihnachtszeit, was
ist das, was entzückt, was man
nie vergißt? Ein Duft, ein Klang,
ein Wort, ein Bild? Es ist alles
zusammen. Es ist die Weihnachtszeit, die hinführt zum
Heiligen Abend und ausklingt
mit dem Dreikönigstag. Es ist die
Zeit der Lieder und Märchen,
des Plätzchenduftes, der Weihnachtsbastelei und der Ge-
heimnisse.

Jugendbücher. (20166)

Rita Danyliuk
**Die Weihnachts-Back- und
-Bastelstube**
Mit 142 Zeichnungen

Ein Hausbuch, das Kindern und
Jugendlichen eine Fülle von
Anleitungen zum Backen und
Basteln für die schönsten Tage
des Jahres bietet!

Aus dem Inhalt:
So bastelt man selbst Adventskalender, weihnachtlichen
Tisch- und Zimmerschmuck
sowie hübsche Geschenke u. a.

Jugendbücher. JM ab 8 (20189)
Originalausgabe

**Goldmann
Verlag
München**

Enid Blyton
**Eine Überraschung für Peter
und Penny**
Mit zahlreichen Illustrationen

Die Zwillinge Peter und Penny
sind acht Jahre alt. Ihr Vater ist
fern von ihnen auf der anderen
Seite der Erde beschäftigt.
Und jetzt verreist auch ihre
Mutter – sie muß sich ein bißchen erholen. Aber sie verspricht
den beiden etwas Wunder-
schönes mitzubringen, wenn
sie brav bei der Großmutter
bleiben.
Peter und Penny sind sehr gespannt, was das wohl ist...

Jugendbücher. JM ab 8 (20193)

Charles Paul May
Der Fremde im Schnee
Eine Abenteuergeschichte
Mit 22 Illustrationen

Die achtjährige Adella ist mit
Rhoda, einer nicht sehr geliebten Freundin, allein auf der ab-
gelegenen Farm in Iowa. Da
tauchen zwei bewaffnete
Männer auf, die einen entlaufe-
nen Negersklaven suchen und
den Kindern befehlen, es sofort
zu melden, sollte der Neger
gesehen werden.
Kurz darauf entdeckt Adella
den Neger. Sie beschließt, dem
Verfolgten zu helfen, obwohl sie
weiß, daß sie sich selbst damit
in große Gefahr bringt.

Jugendbücher. JM ab 8 (20190)
Deutsche Erstveröffentlichung